お金持ちは
不況・恐慌で一財を築く

積立から株式・不動産・
ビットコイン・スタートアップ投資まで!

スティーブ金山［著］

彩流社

はじめに

「金持ちはますます金持ちに、貧乏人はますます貧乏に」

　この言葉を聞いたことはありますか？
　どうして、金持ちはますます金持ちになるのでしょうか？
　その原理や法則を知り、実践すれば、同じように金持ちになるのではないでしょうか？
　もし、あなたが同じように感じているとしたら、この本は、まさにあなたのために書かれた本です。この本は、お金持ちがこのコロナショックで大暴落した市場の中で、どのような投資行動を取ったかを調査した結果が詰まっています。
　例えば、世界最大のヘッジファンドであるブリッジウォーター・アソシエイツの創業者兼CEOのレイ・ダリオ氏、投資の神様と言われているウォーレン・バフェット氏、さらにリーマンショックを引き起こしたアメリカの住宅ローン破綻を読んで仕掛けたマイケル・バリー氏が、新型コロナウィルスのパンデミックが引き起こした2020年3月の暴落の後に、投資の内容をどう変えたかを、四半期ごとに発表される報告書から分析しています。
　そして、彼らがどのように未来を予想して、どのような理由で、そのような投資をしたかは、ブルームバーグやCNBC、FOXニュースなどで報道されたインタビュー映像等で確認できました。これらの映像からは、彼ら投資家がそれぞれどのような未来を予想しているかを、その根拠とともに知ることができます。
　さらには、その予想の背景にある彼らの考え方、投資に対するスタンスも非常に大切です。「安く買って、高く売る」「市場の暴落は、大バーゲンセールだ」といった考えは、その一部です。

　ところで、私自身も、これまでさまざまな投資にチャレンジしてきました。その中で、上手くいったものもありますが、多くは失敗して資金を溶かしてい

ます。後から、ああすれば良かったんだ！　と知って残念な思いをしたことも
たくさんあります。

「あの時、○○を買っておけば……」
「もっと早く、知っていれば」

　あなたにも、そんなふうに思った記憶があるでしょうか？
　そういったことは、私にも山ほどあります。

　まだ20代の頃から積立投資をしていれば……
　まだ移住が容易だったころに、オーストラリアに移住していれば……
　1991年にラグナビーチに住んでいた時に、家を買っていれば……
　2000年より前に、シンガポールやゴールドコーストに家を買っていれば
……
　リーマンショックの時に、米国の中古住宅投資を知っていれば……
『HSBC香港資産運用術』を執筆した頃に、海外積立保険を知っていれば……

　まさに、この本を書くきっかけとなった3月の暴落直後ですら、見逃したチャ
ンスはたくさんあります。いまとなって、一番大きいのは、ビットコインが
50万円のときに買っておかなかったことでしょうか。あの時は、S&P500を空
売りすることしか考えていませんでした。同じころに、AppleやTeslaのよう
なテクノロジー株を買っていなかったことも悔やまれます。
　しかし、後から、「たられば」を考えるのは誰にでもできます。大切なのは、
広い視野を持って、未来がどのように動くのかを「読む」力です。
　本書では、あなたにその力が身につくように、投資のレジェンドたちが言葉
や態度で語っている観点をたくさん編み込んでいます。

　本書では、もう1点心掛けたことがあります。それは、いわゆる投資という
言葉が示す範囲は非常に幅広く、株式投資だけを考えていては、チャンスを逃
してしまいます。

不動産投資やFX、原油や金（ゴールド）のようなコモディティもありますし、上場前のスタートアップの株もあれば、航空機やトランクルーム、アンティークコインといったものもあります。また、現物だけでなく、先物やオプション、アービトラージといった投資手法もあります。

　このように、いろいろな投資方法をカバーすることで、投資百科のような投資の全体像を俯瞰できる本となるように、そしてその全体像の中で今回のような大きな不況でこそ富を増やせる投資方法が見いだせるように、心掛けました。

　先に紹介した投資のレジェンド３名は、株式投資のプロです。それ以外にも、ケン・マクロイ氏という不動産投資のプロの意見もこの本に反映させています。彼は、『金持ち父さん・貧乏父さん』シリーズの著者であるロバート・キヨサキ氏の不動産投資アドバイザーでもあり、同シリーズで不動産投資の本を出しています。

　そして、いま富裕層の間でももっとも注目されているデジタル・ゴールド、つまりビットコインについても、富裕層がどう考えて、どう動いているかを押さえた上で書いています。

　各章をどのように読んでほしいか？

　１章と２章は、未来がどうなるかを知るために、必ず読んでいただきたいと思って書いています。いま、起こっていることが、今後10年間にどのように影響するのか、なぜそうなるのかを理解してもらうために、原理から丁寧に解説しています。

　なぜ、インフレになるのか？
　ハイパーインフレになるのか、ならないのか？
　市場はこのまま上昇し続けるのか？
　それとも、どこかで暴落するのか？
　なぜデジタル・ゴールドは上昇しているのか？
　不動産は、これから上昇するのか？　暴落するのか？

　そういった疑問に答える基本的な内容が詰まっています。

第3章は、まとまったお金のある人が、何に投資をすべきかについて書いています。

　第4章は、投資の初心者向けの内容です。投資に慣れていない方は、ここだけは必ず読んでください。

　第5章は、トレードに興味のある方に向けた内容です。初心者にはあまりお勧めしませんが、どんな市況でも常に利益を出せる機会があります。

　第6章は、株・不動産・金などのコモディティといった一般的な投資とは異なる投資について書いています。これからの時代、どこにチャンスがあるか分かりません。これを読めば、投資についての視野は間違いなく拡がります。

　第7章は、投資による利益を最大化するために、必要な知識をまとめました。これについても、1・2章と同様、全員に読んでいただきたい章です。ここが、富裕層がもっとも重視しているポイントであり、同時に庶民が軽視しがちなポイントです。ここで、お金持ちになる人となれない人の差が大きく開くので、ぜひ熟読してください。

　さて、いよいよ本編です。10年以内にあなたが富裕層になるまでの物語のはじまりです。

Bon Voyage ！

2021年1月3日　スティーブ金山

【目次】

第❹章 ▶ 不況に関係なく続けるべき積立投資

第❺章 ▶ 上げ相場でも下げ相場でも稼げるトレード

第**1**章
▼
コロナ不況は、まだこれから

●この不況を予測していた大富豪たち

　2020年3月、世界的な新型コロナウィルスのパンデミックにより、世界中で企業の株価が暴落しました。同じタイミングで原油価格も暴落し、WTIの5月先物は史上初のマイナスの値を付けました。米国の失業率は統計を取り始めてから最悪の14.7％となり、世界各国でも仕事を失った人や収入が途絶えた人はとてつもない数に上るでしょう。

　実は、コロナを予測したわけではないものの、この不況は大富豪たちの間では、ある程度予測されていました。歴史は繰り返すというとおり、およそ8年から14年に1度のサイクルで不況は訪れていたからです。

　1987年のブラックマンデー、2001年のネットバブル崩壊、リーマンショックに代表される2008年の信用危機と続き、2016年頃からそろそろ暴落するという噂が流れていました。そして、危機の大きさは、だんだん大きくなっていたことから、今回の危機はリーマンショックの時よりも大きな暴落が起こると言われていました。

「用心して備えろ！　そして、この機をチャンスとして逃すな！」

　そういったメッセージが、富裕層コミュニティーでは流れていました。そして、金持ちはこういった不況で資産を増してきたのです。

　しかし、S&P500の値が42.7％下落したリーマンショックの時に比べると、3月の暴落は35％で反転し、8月には暴落前の値を上回り、上昇し続けています。ひとまず株価だけを見ると、暴落は終わったようにも見えます。

　はたして、コロナ不況はもう終わったのでしょうか？

　おそらく、誰一人として終わったとは考えていないでしょう。世界的に見ればコロナの感染者数はまだまだ増加していて、例年ならインフルエンザが流行する冬が訪れると第3波が北半球を席巻しています。

　半年以上もロックダウンが続いている国があれば、一度解かれたロックダウンを再開した都市もあります。比較的症状の軽い日本ですら、間隔をあけるために席数を減らして営業せざるを得ない飲食店ばかりです。営業再開ができたとしても、感染を警戒して元のように頻繁に来てくれるようになるまでには時

間がかかります。

　つまり、コロナショックで始まった不況は、まだ始まったばかりと考えるほうが無難です。これはとても残念なことですし、生活の糧を失った（あるいは、これから失うであろう）多くの人にとっては残酷ですらあるでしょう。しかし、この不況が長ければ長いほど、インパクトが大きければ大きいほど、一気に資産を増やすチャンスでもあるのです。

　この章では、そのチャンスを見極めるための前提知識をつけていきます。そのために、3月からこれまでに起こったことをおさらいしながら、歴史を振り返って共通点を見つけ、大局的にいま何が起こっているのかについて説明します。

1 ▷ コロナショックの底はもう過ぎたのか？

◉なぜ、わずか1カ月で底を打ったのか？

　2020年3月、世界的な新型コロナウィルスのパンデミックにより、世界中で企業の株価が暴落しました。

　世界経済の動きを見るには、米国のS&P500という指標が最適です。そのS&P500は、2020年2月19日につけた3,386.15ドルをピークに急落し、3月23日には2,237.40ドルまで3分の2の値まで暴落しました。その後は、徐々に値を戻し始め、8月には暴落前の価格まで回復しています。

　この株価の暴落は、はたしてこれで終わりでしょうか？

　専門家の多くは、まだ底ではないだろうと言っていました。第二波、第三波の懸念が残っていることもありますが、リーマンショックをはじめとする過去の暴落を振り返って言っているようです。当時を振り返ってみましょう。

　17ページの図1－1は、リーマンショック時のS&P500の値動きです。

　これを見ると、リーマンブラザーズが破綻した9月15日から、上昇トレンドに反転した3月5日まで、およそ6カ月もかかっていることになります。そして、この間に株価は42.7％も下落しました。

　しかし、それだけではありません。リーマンショックは日本だけで言われている言葉で、米国ではクレジット・クライシス（直訳すると信用危機）と言わ

れています。実は、リーマンブラザーズの破綻は象徴的ではあったものの、途中の出来事でしかなく、本当の根っこは、不動産担保証券の焦げ付きによる信用崩壊でした。

　図1−1を見れば明らかなように、リーマンブラザーズが破たんする9月15日より前から、S&P500の値は下がり続けています。実は、当時のピークは、2007年7月16日の1552.50ドルでした。つまりピークからリーマンショックまで1年8カ月かけて半分以上（56%）も下落したことになります。

　今回も同じことが起こるとしたら、第2波、第3波が来なかったとしても、1年8カ月後の2021年10月までの間に上がったり下がったりを繰り返しながら、1,488ドルまで暴落する可能性がありました。

　しかし、実際には、わずか1カ月で底を打ち、5カ月後の8月には元の値に戻しました（図1−2）。第3波が来た12月には、以前の最高値を10%以上上回っています。

　ほとんどの専門家は、まだ底ではないと感じながらも、暴落前の水準まで戻し、さらに上昇し続けているのは、どうしてでしょうか？

　リーマンショックの時には底を打つまでに6カ月かかったにもかかわらず、今回は1カ月で底を打ちました。リーマンショックの時には株価が元の水準に戻るまで6年かかったものが、わずか5カ月で元に戻しました。今回のほうがダメージはかなり大きいはずなのに、なぜこのように回復が早いのでしょうか？

　それは、リーマンショックの時よりも迅速に、ある政策が発動されたからです。

2 ▷ 3種類の金融政策発動

◉短期間で資金を集中投下

　3月の暴落がリーマンショックの時よりも6倍速く底を打ち、12倍も速く株価が回復したのはなぜでしょうか？

　それは、中央銀行が発動した金融政策によるものです。

　中央銀行の役割のひとつは、インフレとデフレのインパクトを減らすことです。インフレになりそうな時には金利を上げて、市中のお金を減らします。

図1-1：リーマンショック前後のS&P500の値動き

図1-2：コロナショック直前から9月までのS&P500の値動き

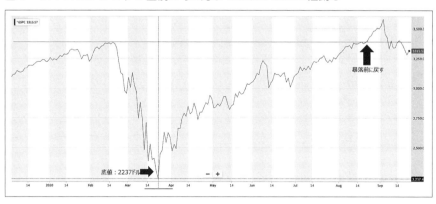

　一方でデフレになりそうな時は、金利を下げて、市中に出回るお金を増やします。リーマンショックの時も今回も、日米欧の中央銀行は不況のインパクトを減らすために金利を極限まで下げました。それが1つめの政策、ゼロ金利政策です。

しかしながら、リーマンショックの時にはそれではとても経済は改善しませんでした。そこで米国ではFRB（米国の中央銀行）が2008年11月に6000億ドル（およそ60兆円）の金融緩和を行い、不動産担保証券を買い取りました。つまり、中央銀行がお金を刷って、不良債権を買い取ったのです。

　しかし、それでも景気は悪化し続けたため、2010年から2011年にかけて6000億ドルを追加で発行して、政府証券を買い取ったのです（そして政府は株式市場をテコ入れすべくETFを購入しました）。さらには2012年9月には毎月850億ドルを追加発行して不動産担保証券を買い取りました。こうしてようやく2013年1月に株価が元に戻ったというわけです。

　このリーマンショックの時の金融緩和のように、中央銀行がお金を刷り株式市場の株を購入するというのが、2つめの金融政策です。

　3月の暴落がリーマンショックの時よりも6倍速く底を打ち、12倍も速く株価が回復した理由は、この2つめの金融政策を迅速に行ったからです。3月の大暴落では、FRBはわずか6週間の間にリーマンショックの時の3回にわたる金融緩和の総額を超える1.4兆ドル（140兆円）ものお金を刷り、証券や国債を買い取りました。そしてその後もFRBはお金を刷りまくっています。このような短期間での資金の集中投下が今回の株式市場の回復の速さに繋がったのでしょう。

　ところで、この時に、FRBは3つめの金融政策も同時に行っています。それが、紙幣を刷って、国が発行した国債を買い取るというものです。今回の不況がこれまでの不況と異なるのは、リーマンショックにしてもインターネットバブルやブラックマンデーにしても、暴落した結果被害を受けたのは金融機関とそこに勤務していた人たちが中心でした。

　しかしながら、コロナ不況は、全ての経済が突然止まってしまったために、お金が流れなくなり、多くの企業や個人が収入を得られなくなったことに原因があります。株式を購入しても、すぐに市場経済にお金が回るわけではなく、政府が直接企業や個人にお金を配る必要がありました。その資金を、国債を発行することで調達したというわけです。

　このように中央銀行がお金を刷り、国債を購入するというのは、日銀はすでに行っていましたが、FRBがこれを行ったのは世界恐慌の後1933年3月にロー

ズベルト大統領が就任した直後に導入されて以来のようです。これが3つめの金融政策です。

　当時も、この金融政策を境に市場の暴落は終わり、徐々に市場は上向いていきました。しかしながら、世界中で貧富の差が拡がり、各国で政情不安が起こってきます。同じことはこれからも起こり得ます。

　この本を手に取ったあなたは、貧富の差が拡がるこれからの世界で、富裕層側について必要な情報を得たいと思っているはずです。そのためには、なぜ富める者と貧困層が生まれ、その差がますます拡がるのかについて考えていきましょう。その一番大きな問題は、失業問題です。

3 ▷ 貧富の差は、なぜ生まれ、なぜ拡がるのか？

　多くの経済紙が、このコロナショックをきっかけに、貧富の差がますます拡がると予測しています。コロナの感染防止のために世界中で経済全体が止まり、お金の流れがなくなりました。コロナの脅威は誰にでも平等に訪れています。それにもかかわらず、富を築く人と、富を失い貧困へと転げ落ちる人の違いは何でしょうか？

◉お金はどこに消えたのか？

　その前にはっきりとしておく必要があるのが、お金はどこに消えたのか？ということです。

　コロナ以前に世の中にあったお金の流れが、コロナで突然止まったことは理解できます。しかし、世の中に流通している（つまり中央銀行が発行した）お金の総量が変わっていないとしたら、流れが止まったとしてもお金が消えてなくなることはないはずです。ということは、貧富の差が拡がるということは、金持ちが貧しい人たちからお金を奪っているからなのでしょうか？

　おそらく、多くの人はそう考えるはずです。それが故に、過去の不況でも金持ちに対する憎悪の念が生まれ、政情不安につながってきたのです。しかし、実際はそうではありません。それは、お金の総量の定義が違うからです。

　確かに市場全体に存在していたお金の総量は、コロナの前後で変わっていま

せんでした。市場暴落後に各国の中央銀行がお金を合計6兆ドルにも相当するお金を新たに刷ったことで大幅に増えましたが、それがなければ増えもしなければ減りもしません。

　しかし、その月にあなたの懐に入ってきたお金や出ていったお金の総量は大幅に減っているはずです。もしあなたがサラリーマンの場合には変化がないかもしれませんが、自身で事業をやっている方なら実感しやすいでしょう。なぜならお金が動いていないので、入ることも出ることもないからです。つまり、月末月初の残高は同じでも、出入りするお金が多ければ多いほど、より多くのお金を稼ぎ、より多くのモノやサービスを購入することができるのです。そのお金の支出が大きければ贅沢な生活を送ることができ、支出が小さければつつましい生活を送っていることになります。

　景気が良くなると、皆のお金の出入りするサイクルが早くなります。なぜなら、明日お金が入ってくることが分かれば、使ってもよいお金も増えるからです。一方で、向こう一カ月入ってくるお金がないことが分かると、なるべくお金を使わないようにするものです。つまり、不況が起こると、市場に存在するお金の総量が減るのではなく、お金の出入りするサイクルが遅くなった結果、一定期間中にひとりひとりに入ってくるお金が減るのです。

◉富を失い貧困へと転げ落ちる原因

　それでは、不況によって富を失い貧困へと転げ落ちる人は、どのようにして貧しくなるのでしょうか？

　人は、お金を稼いで収入を得て、生きるためにお金を使う支出をします。通常時は、収入と支出があり、いくばくかの貯蓄もあるでしょう。月々の収入が支出を上回っている限りは生活に問題はなく、貯蓄が増えていきます。しかし、減給や減収、失業などで収入が減り、収入を支出が上回ると、貯蓄を切り崩して支出に回すことになります。貯蓄が尽きると、借金をするようになります。

　借金を返すには、景気が戻り、再び支出を上回る収入が得られなくてはなりません。しかし、借金には利息が付きます。そして、好景気になると金利が上がるために、返済しなくてはならない金額が増える可能性もあります。投資によって100万円を200万円にするよりも、借金した100万円を0にするほうが難

しいというのは、ひとつは金利分余計に必要になるからです。

　このコロナの影響で、9月までに日本でも6万人が失業したと言われています。しかし失業者の定義の違いはあるものの、海外の他の国々に比べればかなり良いほうです。米国だけ見ても、失業者の数はその1000倍もあるからです。

◉この不況でどれくらいの失業者が出ているのか

　多くの専門家は、今回の新型コロナウィルスのパンデミックによる経済への影響は、リーマンショックとは比較にならないくらい大きなものになるだろうと言っています。これは米国の失業率を見ても明らかで、リーマンショック後の失業率は10％が最高値でしたが、コロナショック後に発表された4月（4月中旬に集計された数字）の失業率だけでも14.7％となっています。

　その後も新規失業保険申請件数は伸び続けているために25％を超えるのではないかと言われていましたが、政府が創り出した新たな雇用などの影響で翌5月は、13.3％となり、それ以降も改善し続けています。この失業率の高さからも、今回の経済インパクトは1929年〜1945年まで続いた世界恐慌に匹敵すると言われています。

図1−3：米国の失業率の推移

9/15 リーマンブラザーズ破綻
3/5 S&P500反転ポイント
失業率の最高値

Year	Jan	Feb	Mar	Apr	May	Jun	Jul	Aug	Sep	Oct	Nov	Dec
2007	4.6	4.5	4.4	4.5	4.4	4.6	4.7	4.6	4.7	4.7	4.7	5.0
2008	5.0	4.9	5.1	5.0	5.4	5.6	5.8	6.1	6.1	6.5	6.8	7.3
2009	7.8	8.3	8.7	9.0	9.4	9.5	9.5	9.6	9.8	10.0	9.9	9.9
2010	9.8	9.8	9.9	9.9	9.6	9.4	9.4	9.5	9.5	9.4	9.8	9.3
2011	9.1	9.0	9.0	9.1	9.0	9.1	9.0	9.0	9.0	8.8	8.6	8.5
2012	8.3	8.3	8.2	8.2	8.2	8.2	8.2	8.1	7.8	7.8	7.7	7.9
2013	8.0	7.7	7.5	7.6	7.5	7.5	7.3	7.2	7.2	7.2	6.9	6.7
2014	6.6	6.7	6.7	6.2	6.3	6.1	6.2	6.1	5.9	5.7	5.8	5.6
2015	5.7	5.5	5.4	5.4	5.6	5.3	5.2	5.1	5.0	5.0	5.1	5.0
2016	4.9	4.9	5.0	5.0	4.8	4.9	4.8	4.9	5.0	4.9	4.7	4.7
2017	4.7	4.6	4.4	4.4	4.4	4.3	4.3	4.4	4.2	4.1	4.2	4.1
2018	4.1	4.1	4.0	4.0	3.8	4.0	3.8	3.8	3.7	3.8	3.7	3.9
2019	4.0	3.8	3.8	3.6	3.6	3.7	3.7	3.7	3.5	3.6	3.5	3.5
2020	3.6	3.5	4.4	14.7	13.3	11.1	10.2	8.4				

今回のロックダウンがもたらした失業率

出典：米国労働局（U.S. BUREAU OF LABOR STATISTICS）

それでは、世界恐慌の時はどうだったでしょうか？

図1－4は、世界恐慌が始まった1929年からの失業率の推移です。この図で注意が必要なのは、1929年〜1947年の失業率は年平均値しか記録に残っていないため、年単位の失業率がプロットされています。1948年以降は毎月失業率が発表されるため、月毎の失業率がプロットされています。

また、1947年以前は14歳以上の人口を労働力としてカウントしており、1948年以降は16歳以上を労働力としてカウントしています。

図1－4：1929年からの失業率の推移

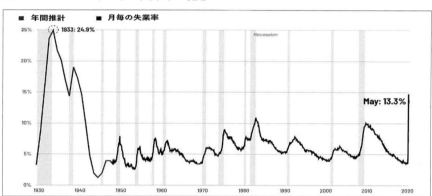

出典：米国労働局（U.S. BUREAU OF LABOR STATISTICS）

世界恐慌が始まったのは1929年9月とされていますが、失業率がピークに達したのは4年後の1933年です。前述のように当時のデータは年単位でしか見れないため、月の変動がどうだったのかが見えず、現時点での失業率の月ごとの推移がどうなるかを予想するには、材料が足りません。

しかし、経済の復帰のスタートが遅れ、経済が元に戻りきる前に、再び第3波が訪れていることから、失業率の下落は、ここからさらに始まる可能性は否定できません。

今後数年間失業率は10％以上で高止まりすると考えたほうが無難かもしれません。あのリーマンショックの時の最悪の失業率が10％でしたので、あの最悪の状態が数年間続くということになります。

なお、世界恐慌の時も、失業率のピークが1933年にもかかわらず、株価はその前年（1932年）の６月が底で、反転しています（図１−５）。この時も株価は実体経済とは一致していなかったようです。一方で、株価が反転すれば、失業率をはじめとした市中経済の復活も時間差でやってくるというようにも考えることができます。

　万が一、失業率がまた下落に転じて、世界恐慌の時と同じ25％まで下がったとしたら、株価はどこまで下がるでしょうか？

図１−５：1929年〜の世界恐慌時のS&P500の値動き

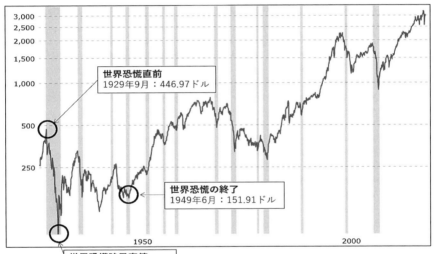

　これは米国の例ですが、どの国でも失業率がかなり高くなっていることでしょう。しかし、失業を免れた人であっても、大幅に収入を減らした人はさらに多いに違いありません。収入が減ったことにより、支出が収入を上回ってしまった人はかなりの数に上ると予想されます。

◉資産価格の上昇が物価を押し上げ、ますます貧困に追い打ちをかける

　不況により収入を失ったり、減らしたりしたために、支出が収入を上回り、

貯蓄を食いつぶし、借金を増やすことで、貧困に突入するということは、貧困の入り口でしかありません。これらの人々をさらに苦しめるのは、インフレです。

不況であれば金利は上がらないために、インフレにはならないのではないかと思うかもしれませんが、大量にお金を刷ったことで市場に存在するお金の総量が増え、他の資産に比べてお金の価値が相対的に減っているのです。

まず株価が上昇し、景気が戻り始めると不動産価格が上昇し始めるでしょう。株も不動産もお金を生み出す資産です。不況下でも収入が支出を上回り貯蓄に余裕のある人たちは、株や不動産を購入（つまり投資）することで、さらに収入を増やそうと考えます。

市場に存在するお金の総量が増えたことにより、これらの人々の資産の金額は上昇しています。一方で、発行済の株や不動産の数量は一定ですので、このような限られた資産を手に入れるために競争が起こる結果、価格はせり上がります。

投資家たちは、資産を高い金額で手に入れた後、高いリターンを求めるようになります。株であれば株価のさらなる上昇や、高い配当を求めるようになるでしょう。不動産であれば不動産価格の上昇、不動産からの家賃収入を増やすことを考えるでしょう。

企業が株価を上げたり高い配当を出したりするには、業績を向上させる必要があります。業績を向上させるには、商品・サービスの価格を上げる必要があります。そして不動産からの収入を増やすには家賃を上げるのが一番です。

こうして物価が上がり、家賃が上がることで、ぎりぎりの生活を強いられている人たちの生活はますます苦しくなります。物価が上がっても、それが賃金の上昇につながることは、早々ありません。運良く賃金が上昇したとしても、そのタイミングは半年以上遅れて訪れます。その遅れた6カ月間はマイナス収支が積み重なります。

●輸入物価が上昇する

中央銀行が大量の紙幣を刷ることには、もうひとつ弊害があります。それは他国の通貨に対して相対的に価値が下がるので、通貨安を引き起こすのです。

例えば、米国の中央銀行FRBが刷った金額は、日銀が刷った金額よりもか

なり大きいため、ドル円相場はやや円高ドル安に動いています。その代わり、2015年以降2019年までは、FRBがお金を刷ることをやめた一方で、日銀はアベノミクスに合わせてお金を刷り続けてETFを買い支えていたために、やや円高に振れていました。

　このように自国の通貨が下落すると、輸入品の物価は上昇します。もちろん、輸出品の金額も下落するため、相手国からすれば値下がりしたように見える結果、輸出量が増え、結果的に輸出業者は大きな売上を上げることになるのですが、企業の利益が消費者に還元されるのは、前述したとおり早くても半年かかります。

　一方で輸入品の物価が市場価格に反映されるのは在庫がないとしたら、翌月には反映されます。ここでも収入が上がるよりも支出が増えるタイミングのほうが早いため、消費者の家計には重くのしかかります。

　このように、不況によって失業や減収に見舞われて、支出が収入を上回る月が続いた人は、貯蓄を食いつぶし、借金を抱えます。そして、失業などの被害を小さく食い止めるために中央銀行が市場に投入した大量のお金が、その後の資産価格の上昇を招きます。国によっては通貨安を招くために、輸入物価も上昇します。こうして物価が上昇することで、毎月の赤字幅が拡大し、ますます借金が増えていきます。

◉富裕層がますます富を増やす理由

　では、富裕層がますます富むというのは、なぜなのでしょうか？

　それは、先に触れたように、彼らは余剰資金で資産を購入し、その資産価格が上昇したり、その資産がお金を生み出すことで、収入を増やすことができたりするというのが理由のひとつです。

　あるいは、事業を経営している場合、その事業の価値が上昇することで、事業の一部または全部を売却して富を得る人も出てきます。もちろん、どんな事業でもそうなるわけではありません。今回のコロナ不況では、飲食店オーナーは資産を減らし、宅配事業者やEC事業者は事業価値を上昇させています。

　このように運良く事業価値を上昇させることができた経営者は、富を生み出しているのです。

そして、富裕層は不動産や上場している企業の株だけに投資しているわけではありません。時代に合ったサービスを提供するベンチャー企業に投資している投資家も数多くいます。投資したベンチャー企業が時代の波に乗って事業を成長させてくれれば、上場のタイミングでさらに資産が増えることになります。

◉富を減らす富裕層もいる

　しかし、富裕層であれば、かならず富を増やすというわけではありません。富を減らしたり、失ったりする富裕層もいます。それは、投資した事業が失敗するだけではありません。購入した不動産が思ったように価値を上げなかったり、購入した株の企業の業績が悪かったり、訴訟に巻き込まれたりしたために暴落することだってあります。

　しかし、もっとも残念なのは、現金で銀行に預けて（つまり預金・貯金して）いる間に、通貨の価値が下がってしまうケースです。

　資産価格が上昇している時は、「お金はただの紙屑」なのです。

◉資金をどのような資産で保有するかが鍵

　このように富裕層でも、富を増やす人もいれば、富を減らす人もいます。しかし、これはいま富裕層であるかどうかはあまり関係ありません。富裕層でなくても、不況時に富みを増やしている富裕層が、お金をどのような資産に変えて保有することで富を増やすことができるのかを学び、同じ資産に投資することで、一般人でも富を築くことができるはずです。なぜなら、いまの富裕層の多くが、同じことをしてきたからです。

4 ▷ 日銀がお金を刷り過ぎても、問題がない理由

◉日本は米国国債を127兆円保有

　先ほど3種類の金融政策を紹介しましたが、コロナショックへの緊急対策として、米国の中央銀行（FRB）も日銀も紙幣を刷って、上場株を大量に購入し、政府が発行した国債も買っています。

　日銀は、これまで年80兆円を目途に国債の買い入れをしてきましたが、4月

にはその制限を取り払うと発表しました。これは政府が新型コロナ対策として200兆円を補正予算として成立されたことと連動しています。日本の国家予算（一般会計）は100兆円ですから、その2倍もの金額を補正予算として計上するというのは、はっきり言って滅茶苦茶です。

　さらに滅茶苦茶なのは、日本の国債残高は1000兆円を超えていますが、日銀はすでに国債残高の4割超を保有しているのです。日本のGDPは536兆円ですから、GDPに匹敵する発行残高を、ほぼ日銀が補っていることになります。

　自分の国のお金を刷って、それを自国で使っているというのは、正直言って異常です。それでは、いくらでも使い放題ということになります。本来であれば、こんなことをしたら、他国からの信用を失い、日本円の相対価値は暴落し、超円安になっても不思議ではないのですが、なぜ何ともないのでしょうか？

　それは、日本が置かれている特殊な事情にあります。まず、日本は米国の国債を127兆円も保有しています。これは中国を抜いて世界一位の保有残高です。このことは、日本円に対する信用度をバックアップしています。

◉米ドルやユーロの価値が下がると、相対的に日本円の価値が上がる

　次に、日本円は、米ドルとユーロに次ぐ国際的な基軸通貨になっていることがあります。日本円の価値がどんなに下がるようなことがあろうと、それ以上に米ドルやユーロの価値が下がるようなことが起こると、相対的に日本円の価値が上がることがあるのです。

　これは私の想像ですが、世界経済の中心である欧米の人たちは極東の日本のことにはあまり関心がないため、日本で多少大きなマイナス材料が出ても、欧米で発生した些細なマイナス材料のほうに大きく反応するからなのでしょう。

　今回も、日銀は大量の紙幣を刷り、日本政府の200兆円という年間予算の2倍の金額をコロナ対策として注ぎ込むという政策をバックアップしましたが、FRBは7000億ドル（73兆円）を発行してトランプ政権の230兆円のコロナ対策費をバックアップしています（その後も発行し続け、12月末までに1年間4兆ドルから7兆ドルまで3兆ドルもバランスシートを増やしています）。ヨーロッパ中央銀行ECBにいたっては、FRBの2倍以上の165兆円の金融緩和を行っています。

　これが、日本円が暴落しない理由です。

●突然空いた穴を埋めているだけ？

世界最大のヘッジファンドであるブリッジウォーター・アソシエイツの創業者兼CEOであるレイ・ダリオ氏によると、米国もEUも日本も、そして中国も、経済が止まってしまったことにより空いた穴を埋めているだけなので、問題はないと言っています。

そして、米ドルは世界に流通しているお金の70%を占めていて、FRBが新たに刷ったお金は米国民と米国企業に配られていることは、とても重要な意味を持つと言っています。

主にユーロや日本円、人民元が残りの30%を占めていることと、米国債という形で米ドル資産を保有しているため、EUも日本も中国もお金を刷ったとしても、通貨価値が下がったりはしないだろうとも言っています。

しかしながら、それ以外の国は、空いた穴を埋めることは非常に難しいだろうとも言っています。

5 ▷ これから何が起こるのか？

●長引くロックダウン

各国でロックダウンが起き、メルボルンやハワイのように一度解けたロックダウンを再度行った都市があり、フィリピンのように国中で半年以上もロックダウンを行ってきた国もあります。

これら海外のロックダウンは、自粛を要請している日本のものとはまったく違います。フィリピンでは、20歳未満の未成年者と60歳以上の高齢者は完全外出禁止です。また、家族でも2人以上で外出してはいけないとも言われています。そして、この国ではロックダウン中に出歩いている人を射殺する許可を警察官に与えていたと聞いています。

家族連れだって買い物に出かけ、家族全員で食事をとるのが当たり前だった国で、このような制限が半年以上も掛かることを考えてみてください。家族で外出することができなくなったために、外食もなくなり、家に引きこもって家族全員で食事をとるようになったと聞きます。すると、レストランなどの営業が許可されても、外食する人はほとんどいません。

密度の高いジプニーやバスなどの交通機関が止まるため、自家用車を持っていない限り、通勤もできません。大型ショッピングモールには、客もテナントの従業員もたどり着けないために、ゴーストタウンのようになっているようです。交通機関が止まって通勤ができない人は、給与ももらえないために大都市では生活ができなくなり、田舎に戻っているようです。

　同じことは、世界各国でも起こっています。一時1400万人が職を失った米国の中でも特にひどかったニューヨークも、多くの人々が郊外や田舎に移っているようです。食肉工場は肉を解体する従業員たちが近くに寄りながら作業をしなくてはならないようなラインになっているために、ほとんど稼働が止まり、全米のスーパーから肉が消えかけたことが話題になりました。

　ようやくロックダウンが解けた場所でも、感染予防の行動は義務づけられ、喉に魚の骨が刺さっているような状態が続いています。

　ワクチンの開発は急速に進められ、英米から配布されていますが、そもそも普通の風邪と同じコロナ型のウィルスですから、ワクチンを接種したところで、抗体が身体に残っている期間はとても短いという指摘もあるようです。そのように考えると、まだまだこの状態は続くことを覚悟したほうがよいでしょう。

◉コロナが完全に去っても、経済はズタズタ

　アフターコロナとか、ニューノーマルとか言われているように、コロナが完全になくならないとすると、我々の生活様式は大きく変わらざるを得なくなります。しかし、もしコロナを完全に克服でき、元の生活様式に戻れるようになったとしたら、経済は元に戻るでしょうか？

　人々が自由に外出できるようになり、閉まっていた会社や店が再開し始めれば、すぐに元の生活に戻ることができるでしょうか？

　残念ながら、そうはなりません。

　新型コロナウィルスの感染予防で経済が全て止まった状態が長引いたことにより、経済はズタズタに引き裂かれた状態になっています。それは津波のようなものです。津波が来ても波が引いたら元の生活に戻れるかといったら、そうではないように、元に戻らないものがたくさん出てきます。

　それは、津波の被害のように目に見えるものが破壊されているのではなく、

ビルの中に誰一人いないというような視覚的には分かりづらい現象なので、気づきにくいかもしれません。あるいは多くの店がシャッターを閉めたままの状態が続くのを見て、それで気がつくかもしれません。

　どうしてそうなるのかというと、新たに事業を再開するにしても、まずは材料を調達しなくてはなりません。それには資金が要ります。長期の営業停止で蓄えが尽きてしまっているのは個人だけでなく会社も同じです。その資金を調達できなければ、事業は再開できません。

　従業員も必要です。ロックダウン直前まで働いていた人たちが戻ってきてくれればよいのですが、すでに他の仕事を見つけてしまっている人たちも少なくないでしょう。それどころか、田舎や他の地域に転居してしまった人も戻ってくるとは限りません。

　運良く、自社の事業再開に必要なリソースが全て揃って、事業再開となったとしても、顧客も同じように元に戻っていなくては、売上は元に戻りません。そして、売上が戻らなければ、仕入の量も元には戻りませんし、従業員に支払う給与も支払うことが難しくなります。

　さらには、コロナ禍で生活に窮する個人や家庭が増えていることも、問題を大きくします。日本では借主が守られているために、早々起こることはありませんが、日本以外の国の多くでは、家賃が払えずに住む家を追われる人はかなりの数に上ります。

　一度ホームレスになってしまうと、賃金の良い仕事を得るのは難しくなります。日本ではコロナで仕事を失った人は9月までに6万人と発表されていますが、アメリカでは1400万人も失業しています。貯蓄をする人の少ないアメリカでは、これらの人々は借金を増やしながら生活をしていることでしょう。そんな彼らが日常生活に戻ったとしても、コロナ以前のようにお金を使うことは難しく、これも企業の売上が戻らない原因となります。

　このように、一度停止してしまった経済のサイクルは、元の回転数に戻るまでには、相当の時間がかかります。早くても1年はかかるでしょうし、失った損失を取り戻すまでには、10年くらいかかるのではないでしょうか。そして、こういったことが日本だけでなく、世界中で起こっているのが、今回のコロナ不況なのです。

●貧富の差が拡大し、政情不安がやってくる

　貧富の差がなぜ生まれて、なぜ拡がるのかについては前述しました。このコロナ不況が経済に与えている影響を考慮すると、今後10年で貧富の差はこれまでになかった以上に大きく拡がるでしょう。収入は上がらないのに生活物価が上昇することで、貧困層はますます生活に困窮します。自殺者も犯罪も増えるに違いありません。治安が悪化し、政情も不安定になってきます。

　日本や欧米諸国のように、民主主義で国が動いている国では、民の声によって、権力者が選ばれます。不況の中で日々生活が厳しくなっていくと、彼らの中にはフラストレーションがたまり、いつかデモや暴動という形で暴発します。彼らはストレスのはけ口を探すようになります。

　彼らの多くは、「貧富の差は、なぜ生まれ、なぜ拡がるのか？」（19ページ）で述べたような貧困のメカニズムを知らないために、なぜ生活が困窮してしまったのかが分からずに、沼地のように、ますます生活が厳しくなっていく日々から抜け出せずに、ズブズブと沼にハマっていきます。

　そして自分たちに原因があったとはとても考えられないため、他に理由を探し始めます。「政府の政策が悪い」「金持ちが悪い」「この状況下で、ますます豊かになっているなんて、ズルいことをしているに違いない」「富を独り占めにしている、あさましく、ひどい奴だ」「あいつらを引きずり下ろせ！」といったマイナスのエネルギーが渦巻きます。

　そんな時に、救世主が現れたらどうでしょうか？　いま、「あなたが苦しんでいる理由は、私たちから仕事を奪ったAmazonです。Amazonをつぶしましょう！」とか「富裕層が富を独占している。俺が当選したら、富裕層から庶民にお金を移す政策をとる」といったスケープゴートを創り出す救世主が現れるでしょう。代表的なのが、ヒトラーです。そして第二次世界大戦が勃発したのです。

　韓国の文大統領も朴大統領と日本をスケープゴートにして、救世主として国民に支持されて選ばれました。トランプ大統領も、中国をスケープゴートにして国民に支持を受けました。

　これからの10年は、そういった国家主義に走る政治家が、それぞれの国で支持を受け、政権を担う可能性が高くなります。どこかの国同士で戦争が始まるかどうかは分かりませんが、かなりギスギスした国際関係となりそうです。

6 ▷ 暴落第2波はこうして起こる

●暴落する3つの理由

　3月に起きた暴落後、日米欧の中央銀行がすぐさま金融緩和を行い、リーマンショック時を超える金額の紙幣を刷って、上場株と国債を購入した結果、株式市場は元に戻りました。そして、株価は今後も長期的に上昇し続けるでしょう。中央銀行が刷って市場に投入した金額が膨大だからです。しかし、常に継続して上昇し続けることはありません。おそらく、頻繁に下落する調整局面は訪れるでしょう。その時は、じわじわと下がっていきます。

　しかも、調整局面で下落するだけではありません。2〜3回は大きく暴落する局面が出てくると思います。それを第2波、第3波と呼びます。

　では、なぜ大きく暴落するのでしょうか？

　過去そうだったからというだけでなく、それには理由があります。その市場が暴落する理由は3つあります。

1　企業業績が株価に見合わない
2　新興国危機とハイパーインフレ
3　住宅バブル崩壊

●企業業績が株価に見合わない

　投資家が株で利益を得るには、株価が購入時よりも高い時点で売却することによる売却益を得る方法と、企業が好業績であった年に利益の一部を株主に分配する配当を得る方法があります。

　いま株式市場が上昇している理由は各国の中央銀行がお金を刷って株式を購入しているからですが、売却益を求める投資家たちも上昇すると見込んで投資しているという側面があります。資産インフレが起こることが分かっているため、国債を売って株を買っているのです。

　業績がどうあれ、中央銀行がお金を刷って株を購入してくれるのですから、基本的には株は上昇します。つまり、中央銀行が株を買い続けている間は、株

で売却益を得る投資は、誰にとってもうまくいく投資と言えます。

　一方で、売却益を狙わない投資家は、安定的に配当益を出してくれる企業の株を好みます。通常は、業績が良ければ株価が上がるため、株価が上昇しているということは好業績を期待します。そういった理由で、配当益を求める投資家たちの一部も、株を購入しています。

　こういった配当益を狙う投資家にとって、株を買うというのは、その企業の将来価値を購入するということなので、将来価値が低いことに気がつけば、購入する人は減りますし、他にもっと投資効率の高い投資商品に資産を移す行動をとるでしょう。多くの投資家がそれに追随し始めると、暴落が起こります。

　長引くロックダウンと経済停止の影響は、企業にものすごいダメージを与えています。個人と同様に、企業も収入がないにもかかわらず、支出は止まらないからです。

　社員を維持するためには社員への給与は支払続ける必要があります。そこで社員を全員レイオフしたとしても、例えば、オフィスやシステムが動作するサーバ等の管理を委託しているデータセンターの賃料や、ソフトウェアの運用・保守費用、クラウドのサブスクリプション費用、さまざまなリース費用は、継続して支払わなくてはならないからです。

　企業のバランスシートは致命的に傷んでいます。つまり、債務超過の状態になっている企業は、星の数ほどあるはずです。

　運良く、政府による十分な給付金を受けることのできた企業は、キャッシュフロー的には問題がなくなるかもしれません。しかし、売上はなかなかコロナ前の水準にまで戻りません。

　明日からコロナの不安が一切なくなったとしても、経済サイクルが元に戻るまでには何年もかかるでしょう。仮に売上や利益が元に戻ったとしても、企業の株価は以前より上昇しているために、株の価値は割高となります。すなわち株価が暴落前の水準だったとしても、割高だということです。

　したがって、業績が悪いと配当益が少ないため、保有し続ける理由が薄くなります。基本的には、それでも株価が上昇し続けると考えれば保有していればよいのですが、何かのきっかけで複数の機関投資家が株を売り始めると、転がり落ちるほどに大きくなる雪玉がついには雪崩を引き起こすように、暴落が起

こるというメカニズムです。

7 ▷ リーマンショックで大儲けをしたマイケル・バリー氏はどうしているか？

●バリー氏が売却した銘柄

　リーマンショックの大暴落を描いた映画「マネー・ショート　華麗なる大逆転（原題：The Big Short）」を見た方ならピンとくると思いますが、当時、誰もが安全だと思い込んでいた住宅ローン債権（CDO：コラテライズド・デッド・オブリゲーション）への投資が不良資産だらけのジャンクボンドの固まりだといち早く気づいて、CDOを空売りする方法（CDS：クレジット・デフォルト・スワップ）を生み出し、世紀の大空売りを仕掛けたマイケル・バリー氏は実在する人物です。

　誰もが疑わなかった、隠れたリスクを見つけ出し、上司にも顧客にも気違い扱いされ、罵倒されながらも自分の仮説を信じて、最後に大儲けをしたバリー氏は、今回の暴落後の動きをどう見ているかは、多くの人の関心を寄せています。

　彼は、このようなコメントを出しています。

「インデックスファンドの流入は現在、株式や債券の価格を歪めている。それは、10年以上前のサブプライムローン向けのCDO購入とまったく同じ様相です。流れは、どこかのタイミングで逆になるだろう。そして、そうなったときには、かなり酷いことになる。すべてのバブルに共通するように、長引けば長引くほど、クラッシュの衝撃は大きい。」

　それを聞いた市場関係者の多くは、彼がいまどんな行動を起こしたかを調べ出しました。彼が売却した6銘柄と購入した10銘柄を見ると面白いことが見えてきます。

1　Jack in the box（ファストフードレストラン）→ポートフォリオの12.24%を占めていた全ての株を売却

2　Facebook（フェイスブック）→ポートフォリオの11.65％を占めていた全ての株を売却

3　GME（ゲーム会社）→12.23％を占めていたポートフォリオを3分の1の4.25％に減らす

4　QRVO（IT会社：無線・通信システム）→11.74％を占めていたポートフォリオを0.0657％まで減らす

5　MAXR（IT会社：宇宙技術企業）→11.19％を占めていたポートフォリオを0.4943％まで減らす

6　BA（ボーイング）→ポートフォリオの10.42％を占めていた全ての株を売却

　等、彼はポートフォリオ全体の70％の株を売却し、別の資産に振り分けています。

　面白いのは、多くの投資家と同様に小売業や航空会社の株を売却しているのはバリー氏も同じなのですが、彼はフェイスブックのようなテクノロジー株まで売却しているところです。

◉バリー氏が投資しているのは、株のオプション

　次に、彼は売却した資金で何に投資したのかを見てみましょう。これもまた興味深いです。

1　グーグル（コミュニケーション）【コールオプション】

2　フェイスブック（コミュニケーション）【コールオプション】

3　バング・ホールディングス（大麻専門のデジタルメディア）【コールオプション】

4　ゴールドマン・サックス（投資銀行）【コールオプション】

5　ウエスタンデジタル（IT会社：フラッシュメモリー製造）【コールオプション】

6　ベッド・バス・アンド・ビヨンド（小売）

7　ディスカバリー（ディスカバリーチャンネル等を製作するメディア会社）

8　シートリップ(Trip.com、中国・上海市に本拠地を置くオンライン旅行会社)
9　バンクオブアメリカ（銀行）【コールオプション】
10　JPモルガン銀行（銀行）【コールオプション】

　コールオプションについては、5章で詳細に説明しますが、プレミアムという少額のお金を支払うことで、一定の金額で購入する権利を買うのです。もしGoogleが上昇すれば、Google株を普通に購入するよりも多くのGoogle株を過去の安い価格で購入でき、現在の高い金額で売却できます。

　逆にGoogle株が下落したら、その権利を行使しなければよいだけです。プレミアムの代金は回収できずに失いますが、購入していた株が値下がりしたときの損失よりはるかに小さい金額で済みます。彼の投資のトップ5はコールオプションです。

　彼は、フェイスブックの株を売って、オプションを買っているというのも興味深いところです。おそらく、彼は3月に株が暴落したタイミングで、それ以上の損失を出さないようにいったん売却し、上昇したときのためにオプションを買い、さらに暴落したときに利益を得るために空売りをしているのではないでしょうか？

　彼は、ショートポジション(空売り)の取引を公開していません。しかし、リーマンショックの時には世紀の空売りをしたバリーですから、何らかの方法で空売りをしていると考えるのが妥当でしょう。

8 ▷ 新興国でハイパーインフレが起こる

◉コロナが東南アジア各国に与えた影響

　前途したとおりレイ・ダリオ氏によると、世界の富の7割を占める米ドルを発行している米国と、残りの3割を占める通貨を発行しているEU、日本、中国は、いくらお金を刷って、国内の企業や国民に配っても大きな問題にはならないと言っています。しかし、それ以外の国は、同じようにお金を配ることは非常に難しいだろうと言っています。

　つまり、米ドルのような国際通貨を保有していないと、自国通貨を刷れば刷

るほど、米ドルやユーロ、日本円、人民元に対する価値が下がってしまい、ハイパーインフレを引き起こしかねないということです。日本の多くの識者が指摘していることが、日本では起こらずに、日米欧と中国以外の国で起こる可能性が高いのです。

　参考までに、コロナが東南アジア各国にどのような影響を与えたか、各国の経済状況を簡単に紹介しておきます。

　インドネシアでは、第二四半期の経済成長率は前年比マイナス5.32％と大きな打撃を受けていて、7月時点で350万人以上が解雇または自宅待機により収入が得られない状態です。さらに9月中旬からの再度のロックダウン（PSBB：大規模な社会的規制）によって人々や企業の活動が制限されることにより、さらなる経済への悪影響が積み重なっています。

　9月中旬に発表されたアンケート調査では、インドネシア企業が国や自治体の支援なしで事業継続できる期間として、半数以上が「わからない」と回答しており、「3カ月以上」と回答したのは、わずか25％でした。

　また、インドネシア政府はGDPの4％超にあたる約5兆700億円の国家経済回復プログラムを策定したものの、予算執行が20％に留まっているようです。

　フィリピンでは、3月から半年以上もロックダウンが続いています（8月に解除されましたが、数日後に再度始まりました）。経済活動がほとんど全て動いていない状態が続いていることから、ほとんどのフィリピン人は自宅に籠り、生活必需品だけを消費し、そうでないものを避けるようになっています。セキュリティバンクが9月末に発表した数字では、2020年の経済は7.7％縮んだと発表しています。第二四半期には16.5％も下落しています。

　また、独立機関の調査によると、世帯数の3分の1にあたる760万世帯（1世帯の平均4.8人で、貧困層ほど多い）が食事を手に入れるのに困っているそうです。

　タイでも、観光業がGDPの20％を占めることもあり、経済は落ち込んでいます。それでも中央銀行は来年の経済見通しを9月24日に5％から3.6％に下方

修正しているように、マイナスの見通しをしていないことだけでも、欧米のようには酷い状況ではないようです。また、タイ中央銀行は2年程度で経済は元に戻るという見通しを発表しています。しかしながら、これまでは国王に忠実だった国民が国王に向けたデモを行い、コロナ対策と合わせて全土に発令された非常事態宣言は夏以降も続いているため、さらに悪化するでしょう。

　一方で、政府は10-12月期に経済の再生策として1700億バーツ（5100億円）程度を雇用の創出や低所得者・小規模事業者への支援に投じています。100兆円単位の資金を注ぎ込む日米欧に比べると、200分の1という微々たる予算です。いくら物価が低いといってもせいぜい10分の1程度と考えると、おそらくこれでは足りず、経済は困窮するように思います。

　ベトナムは、6月までは感染を完全に封じ込めていて優等生と言われていましたが、7月にダナンで感染者が出ると厳しいロックダウンが行われました。9月7日に解除されたものの、それ以降も飲食店内での飲食が制限され、バーやクラブ、娯楽施設や美容施設などの不要不急のサービスは休業を余儀なくされるなど、まったくの無傷ではありません。

●ドルの貯蓄をほとんど持たない新興国

　このように、国によって経済の悪化の程度は異なります。しかし、前述したように、これはまだ始まりでしかありません。長期間経済が止まり、サプライチェーンが止まると、それを再稼働するまでには、かなりの時間が必要となります。インドネシアのように3カ月ももたないと企業が調査に回答したとおりに破産するとすると、企業の75％が消失するということになります。

　このようになると、仮にコロナが全て解決したとしても、何かモノを買いに行っても、ほとんど店が開いていない状態となります。農家や漁師が収穫した食べ物を売ろうにも、小売店はなくなっています。収穫物をお金にするには、市場（マーケット）や道端、あるいは屋台を引いて直接売る以外にありません。つまり、経済が20年前の水準に戻る可能性があります。卸しや小売が機能しなくなるため、モノを買える場所が少なくなるということは、物価が上昇します。

一方で、人々も働く場所がなくなるので、お金を持っていません。各国政府は、経済を循環させるためには、倒産企業の債権が不良債権化した銀行などの不良債権を一掃し、あらたに起業する人にお金を融通するために、大量の資金を銀行や大企業に注ぎ込む必要が出てくるでしょう。

　国はその予算を調達するために国債を発行しますが、諸外国もお金がないため、買い手がつきません。しかたなく日米欧に倣って中央銀行がお金を刷って買うようになるでしょう。すると対ドルレートは急速に下がります。つまり通貨高です。

　原油等を輸入に頼っている国は、さらに深刻です。国際貿易をするには決済通貨のドルを用意する必要があります。しかし対ドルレートが下がるということは、それだけ多くのドルが必要となります。しかし、新興国の政府や中央銀行にはドルの貯蓄はほとんどありません。必然的に、日米欧から米ドルを借りざるをえなくなります。

　こういった悪循環により、新興国のほとんどで、ハイパーインフレが起こる可能性があります。ハイパーインフレが起こるとどうなるかは、日本の終戦直後の人々の生活を描いている映画やドラマを見たり、小説とかを読んだりするとよいかもしれません。

　人々は、その日その日を生き抜くために、仕事を探し、売れるモノは何でも売ります。現金の蓄えが十分にある人でも、急速な物価高で蓄えはみるみるうちに減っていきます。

　食べるモノを生み出せる農家や漁師はよいのですが、都市生活をしているお金持ちは、価値のあるモノを質屋に持っていって現金に交換し始めます。それでも足りないと、不動産のような価値のあるものを売るようになるでしょう。不動産賃貸業も大変です。ほとんどの人が家賃を払えないからです。収益性が大きく落ちるため、売却しようと考える人も増えるでしょう。

9 ▷ 近いうちにリーマンショックが再来する

　2018年9月にリーマン・ブラザーズが倒産したリーマンショックと同じことが、これから起こるかもしれません。これを言っているのは、『金持ち父さん

貧乏父さん』の著者ロバート・キヨサキ氏の不動産投資アドバイザーであるケン・マクロイ氏です。ロバート・キヨサキ氏は不動産投資で大成功を収めているのですが、その彼の不動産投資をアドバイスしているのが彼です。その彼が、再びリーマンショックが起こると言っているのは、どういうことでしょうか？順を追って説明していきます。

● **コロナ直後の米国住宅市場**
　コロナ直前まで、米国の住宅市場は次の３つの特徴を持っており、住宅市場は盛況でした。

① **在庫が少ない**
　米国の住宅市場では、在庫（つまり市場で売りに出ている物件数）がとても少ない状況でした。つまり、住宅を保有している人は売れば高値で売れるということです。

② **安定した収入**
　米国ではコロナ直前までは、雇用が安定しており、人々の収入も安定していました。すなわちローンの審査は通りやすく、家賃収入も焦げ付きが少ない状況が続いていました。

③ **低い金利**
　米国の金利はしばらく1.75％と、比較的低い状態が続いていました。それにより、住宅ローンの金利も低く、住宅ローンが組みやすい状態でした。

　以上が、コロナ直前までの米国の住宅市場でした。売り手も不動産仲介業も、そして賃貸ビジネスを行っている人たちも、儲かっている状態でした。
　しかし、2020年３月にコロナが本格的に流行し始めると、状況は一変しました。すなわち、②の安定した収入が突然なくなったのです。一方で、FRB（連邦準備制度理事会＝米中央銀行）が金利を下げたため、ローンの借入は楽になりました。そして、在宅勤務により都会に住む必要がなくなったことと、ニュー

ヨークをはじめとした都市部でのパンデミックを避けるために、都会を引き払って郊外に移り住む人が増えてきました。つまり、①の在庫が都市部を中心に増え始めたのです。

したがって、現金に余裕のある投資家にとっては、ローンの金利が低く、在庫が増えたことにより価格もリーズナブルになっているために、いきなり投資しやすい機会が訪れたということです。

◉2021年、住宅ローンが破綻し始める

しかし、今後はさらに住宅価格が下がり、暴落するだろうというのが、ケン・マクロイ氏の読みです。「貧富の差は、なぜ生まれ、なぜ拡がるのか？」（19ページ）で述べたように、米国の失業率は急激に悪化しました。彼が米国の労働省の資料をベースに説明するところによると、米国の労働者の11％に相当する450万人がコロナ前に受け取っていた給与をもらえなくなり、さらには660万人が職を失っているだろうと言っています。

すなわち、失業した3200万人のおよそ70％に当たる2100万人は新たに仕事を得るだろうと言っていますが、それ以外の人は仕事を失うか、ビジネスを畳むことになるだろうと予測しています。彼らは、家賃もローンも支払えなくなります。

米国では、ローンの返済が滞っても、差し押さえられるまでに6カ月の猶予があるようです。したがって、2021年の3月か4月には、大量の住宅ローン破綻が次々と起こり始めると言っています。そして2021年末には2008年と同じことが起こるだろうというのです。

2008年のリーマンショックをきっかけに、大量の失業者が生まれ、住宅ローンが支払えずに（あるいは、住宅ローンの残債よりも住宅価値のほうが低くなったので、意図的に）破綻する人が増えました。住宅ローン破産によって、競売にかけられた住宅が本来の価格の3割程度で手に入るということで、住宅価格はさらに下がり、さらに破綻する人が増えるという悪循環が生まれたのです。それと同じことが2021年末に起こるというのです。

ちなみに、次ページの図は、2020年8月時点での90日以上支払いを延滞している住宅ローン数の推移です。

図1−6：住宅ローン支払の延滞90日以上が増加している

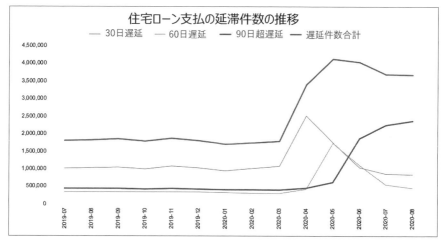

出典：Black Knight

　そして、彼は次のように言っています。

「いまは大都市から人々が流出している。一見買い時のようだが、いまは買うべきタイミングではない」。つまり、まだまだ下がるというのです。

◉リーマンショックと同じことが起ころうとしている

　ところが彼の話は、ここで終わりません。それ以上の時限爆弾が破裂しようとしているというのです。それを説明する前に、リーマンショックで何が起こったか、なぜ株価が暴落し、住宅価格が暴落し、多くの人が仕事と家を失ったのかについて、知っておく必要があります。

　これは、「リーマンショックで大儲けをしたマイケル・バリー氏はどうしているか？」（34ページ）で紹介した映画「マネーショート」で詳細に描かれていますが、リーマンショックで起こったことについて、以下にあらためて説明します。

　2008年のリーマンショックの原因は、本来住宅ローンを組めるような収入のないサブプライム層と呼ばれる人々向けに、最初の5年間の金利を固定金利にして利息だけの返済にし、それ以降に変動金利に切り替え、利息だけでなく

元本の返済が始まるようにすることで、支払いやすくしたローンが抱えていた時限爆弾が破裂したのが直接のきっかけです。ローンの借手は低所得者なので、5年経過後に返済額が上がってからは、返済が滞り始めました。

　一方、2000年頃から米国の証券会社（投資銀行）が、こうした住宅ローンのような借金をまとめて証券化して、証券として売り出すということを始めました。借金を証券化して売るというのは、証券＝株と考えていると非常に分かりづらいのですが、似たようなものにファクタリングという機能があります。

　これは、売掛債権を保有している企業が、期日より前に現金化したいときに、額面の8割くらいの価格で債権を譲渡して、早期に現金を手に入れることです。同様に住宅ローンを証券化するというのは、住宅ローンを貸し付けている銀行が、将来完済までに得られる利息を前倒しで手に入れる代わりに、貸付元本と本来得られる利息の例えば数十パーセントで、証券会社（投資銀行）経由で第三者に売却するというものと言えば、理解がしやすいでしょうか。

　証券会社（投資銀行）は、ひとつひとつのローンを証券化して売るのではなく、それらを複数まとめてひとつのファンドとして投資家に売ります。これをCDO（コラテライズド・デット・オブリゲーション：債務担保証券）と言います。証券会社（投資銀行）は、さらに複数のCDOをパッケージにして、別のCDOとして販売し、さらにそういった別のCDOと組み合わせて……というように、何重にも重ねて組成しては販売していました。

　このCDOは、安全で高利回りの金融商品として、証券会社（投資銀行）にはとても都合の良い商品でした。「高利回り」と「安全」という相反するメリットを持ち合わせていたからです。

　そして、このような商品を求める機関投資家はとても多く、したがって、証券会社（投資銀行）はこのような商品を求める機関投資家に売りまくりました。そして、膨大な需要を満たすために、新たなCDOを組成するための新たな住宅ローンの供給を銀行に要望したことでしょう。

　一方で、これは、銀行にとっても非常に都合の良い話でした。銀行にとって、住宅ローンというのは、住宅を担保にして、お金を貸し、15年〜30年かけて、年利3〜8％の利子とともに元本を毎月回収していくビジネスです。

　貸し付けるお金は中央銀行から借りるため、それに対する金利も発生します。

貸し付けるお金を借りたときに支払う金利を調達金利と呼びますが、利子収入から調達金利（支払利息）を引いたものが利益です。仮に、1%で調達したお金を3%で貸し付けたら、貸出金額の2%が銀行の粗利となります。

ここで、銀行が返済期間30年、金利3%で貸し出した3000万円の住宅ローン債権を証券会社（投資銀行）に元本＋5%の利子を付けて売却したとします。銀行としては、今後30年かけて2%の金利による粗利を30年かけて得られるもの（仮に30万円（3000万円÷2×2%＝30万円）×30年＝900万円とします）が、5%の利益しか上げられなくなります。

しかし、3150万円（元本3000万円と元本の5%に相当する150万円の合計）が手元に戻ってくるので、別の借り手にこの3000万円を貸すことができます。これを6回繰り返せば、30年かけて得られる利子収入と同じ金額を得られることになります。

しかも、調達金利は短期で返済するのでほとんど掛かりません。一方で、証券会社（投資銀行）は、本来900万円の利益を出せる債権を150万円で購入できたことになります。まさにWin-Winです。

以上のように、銀行にも証券会社（投資銀行）にも、機関投資家にもCDOはメリットがありました。まさに三方良しです。

銀行も次々と住宅ローンを販売しました。したがって、借りる側も借りやすくなります。映画「マネーショート」で描かれていたように、客からのチップで生計を立てているストリッパーが、複数の住宅を頭金ゼロ、当初数年の返済は金利のみという条件で購入できるくらい、審査はほとんど行われていませんでした。

住宅ローンを貸し付ける銀行の審査が行われない理由は明らかです。彼らは、住宅ローン債権をすぐに証券会社（投資銀行）に売ってしまうため、貸し倒れリスクを抱えないで済むからです。貸倒リスクを抱えていたのは、CDOを購入した機関投資家たちです。

なお、CDOを買いあさった機関投資家の中には、証券会社（投資銀行）や銀行自体の別部門（資産運用部門）も含まれていました。通常、銀行では、住宅ローンを販売したり、審査したりする部門と、銀行の資産を運用する部門は、ほとんど交流はありません。同様に、CDOを組成して販売する部門とそれを

機関投資家に販売する部門の間には多少の交流はありそうですが、証券会社（投資銀行）の資産や顧客資産を預かって運用する部門とは、ほぼ交流はないのです。

　さて、ここまでの話をまとめると、銀行は審査をほとんどせずに住宅ローンを販売していました。そして、その住宅ローン債権を、すぐに証券会社（投資銀行）に売却し、証券会社（投資銀行）はそうして購入した大量の住宅ローン債権を束ねてCDOとして、機関投資家に販売していました。そして、住宅ローンの多くは、契約後5年は利息だけ（月7000円程度）を支払っていればよかったため、焦げ付くことはありませんでした。

　しかし、契約後5年を経過して、返済額が月10万円以上になると、返済できない人が出てきました。それが、2005年を過ぎた頃から現れ、急速に増えていったのです。これに最初に気づいたのは、映画「マネーショート」に出てきたマイケル・バリー氏です。

　CDOという金融商品は、住宅ローン債権の固まりです。CDOの価値は、将来返済される元本と金利収入です。しかし、その中身のほとんどが、焦げ付いた不良資産だったとしたら、金利収入どころか元本すら回収できる見込みがない債権の固まりだったとしたら、どうでしょうか？　紙くず同然ですよね？

　バリー氏は、すでに紙くず同然になっているにもかかわらず高値で取引されているCDOを空売りする相談をモルガンスタンレー証券やドイツ銀行などに持ちかけました。それで生まれたのがCDS（クレジット・デフォルト・スワップ）という商品です。

　CDSをバリー氏に販売した理由は、誰もがCDOは「安全」で「高利回り」の商品と信じ込んでいたからです。バリー氏が、CDOを構成している住宅ローン債権全てを1件ずつ精査した結果、ほとんどが焦げ付いていることを見つけ、それを彼らに話しているにもかかわらず、彼らはバリーの話を信じずに、CDSをバリー氏に販売しました。

　そして、ついにCDOが紙屑だと分かり暴落し始めると、CDOを買い集めていた機関投資家（AIU、シティバンク、クレディスイス等々）は、運用していた資金の多くを失い、さらにCDSを販売していたモルガンスタンレーやドイツ銀行は破綻しかけました。そして、証券会社（投資銀行）のリーマン・ブラ

ザーズが破綻したのは、ご存じのとおりです。

　以上が、リーマンショックが起こったときの全貌ですが、なぜいまこの話をしているかというと、同じことが起こると、この章の冒頭で紹介したケン・マクロイ氏が指摘しているからです。

◉安全で高利回りな商品BTOとは？

　実は、リーマンショックで大やけどをしたにもかかわらず、いまだに証券会社（投資銀行）はCDOを新たに組成して販売し続けています。ただし、CDOは印象が悪すぎるということで、BTO（ビスポーク・トランシェ・オポチュニティー）と名前を変えて販売しているのです。

　名前が変わっても、CDOとまったく同じです。ただし、以前のように銀行による住宅ローンの審査が甘すぎるかというと、おそらくそうではないでしょう。少なくとも、最初の5年間の返済が利息だけということはありません。また、頭金や収入の少ない人たちは、住宅ローンを組むことはできません。したがって、今度こそは焦げ付くことのない「安全」で「高利回り」の金融商品になっているはずです。少なくともコロナが流行する前までは……

◉コロナでBTOが軒並み破綻する？

　ここまでで、ケン・マクロイ氏がリーマンショックと同じことが起こると言っていたことの意味が分かったと思います。

　新型コロナの影響で多くの人が職を失った結果、住宅ローンが払えなくなる人が9月・10月あたりから急増しています。3月〜8月の間に職を失わなかった人たちも、ユナイテッド航空やアメリカン航空などの航空業界に顕著で見られるように、それまでは給与を支払い続けることのできた企業が耐えきれなくなり、大量に解雇を始めました。

　そして、返済が滞ってから、焦げ付きが発覚するまでに6カ月かかるということは、2021年3月頃からBTOに含まれている住宅ローン債権が次々と紙くずに変わっていきます。以前のようにBTOを空売りするCDSを販売する金融機関はさすがにないと思いたいですが、BTOだけでも、機関投資家は運用資産の多くを失うことに繋がり、大きなインパクトがありそうです。

▼

不況時に、
お金持ちはどうやって
資産を倍増させるのか?

●景気は最悪の状態で、出口がまったく見えないが……

　今回のコロナ禍では、世界中で経済が止まってしまったことにより、株式市場は軒並み暴落し、ガソリンなどの燃料の需要が激減したことによって原油価格も暴落しました。株式市場は元に戻りつつありますが、各国での外出禁止措置が解かれた後もレストラン・バーは、ソーシャルディスタンスを取ることが求められるために、従来ほど満員にはできません。そもそも、人々は未だに外出も外食も控えがちになっています。交通機関も昼間は席が埋まっていません。アパレルや雑貨店などへショッピングに訪れる人もまだまばらです。

　どの国よりも早く外出禁止措置を終了した中国ですら、消費はまだ戻っておらず、大量の失業者を抱えていると報道されています。世界中で従来の売上水準までに遠く及ばないために、企業の倒産は徐々に増えています。どの企業も生き残りをかけて、従業員の雇用を減らしているため、失業率は増加傾向にあります。

　このように景気は明らかに最悪の状態で、出口がまったく見えないにもかかわらず、貧富の差がますます拡がっているとも報じられています。

　失業や減給によって収入の途絶えた市民は、生活のために貯金を取り崩して何とか暮らしています。従業員を抱える商店や飲食店、そして工場を含むさまざまな業種の小規模企業のオーナーは、緊急融資を得るなど必至になって事業を維持しようとしていますが、ほとんどの企業は景気が以前の水準に戻ったとしても、返す当てのない借金を膨らませています。

　それにもかかわらず、富裕層の資産は増える一方だと言われています。不公平だと思いますか？　ここで、あなたには２つの選択肢があります。

　ひとつは、富裕層は不正に資産を増やしているのではないか、優遇措置を受け過ぎなのではないかと、声を上げて、政府に富裕層の税金を上げるように要求することです。

　もうひとつは、ほとんどの人が貯金を減らし、借金を膨らませている状況の中、資産を倍増させている富裕層のやり方を理解して自身も同じように資産を倍増させることです。

　この章では、富裕層が不況時にもかかわらず資産を増やすことができる原理を解説していきます。

1 ▷不況は、資産の大バーゲンセール

◉本当に株価の大暴落は悲劇なのか

　図1-1（17ページ）と図1-5（23ページ）のように、世界大恐慌の時も、リーマンショックの時も、今回も株が大暴落しました。図はS&P500の価格推移を示していますが、S&P500とは米国の代表的な企業500社の株を一定の割合で混ぜ合わせたものですから、全米国企業の株価の平均値と考えてください。つまり、このグラフで下がっているときは、全米の企業の株価が下がっているということです。

　通常、株価が暴落すると、世の中は大騒ぎになります。新聞の一面を飾り、世の中がこれから不景気になると報道されます。株を保有している人たちは、証券会社の口座残高が大きく目減りしていることにショックを受け、それをマスコミは大損した人としてニュースで取り上げます。資産を失うことにショックを受けた人の中には、自殺までしてしまう人もいると聞きます。株価の大暴落は悲劇であり、世の中はとても暗い雰囲気で覆われます。

　でも、ちょっと待ってください。本当に株価の大暴落は悲劇なのでしょうか？　株価の暴落というのは、当たり前ですが株が劇的に下がるということです。

　でも、ほとんどの人は、買い物をするときに商品の価格が下がると喜ぶのではないでしょうか？　年末のセールに人だかりができるのは、なぜでしょうか？　好きなブランドのショップの壁に貼られたポスターや屋根から吊るし下げられたバナーが「大特価　全品50％オフ」と書かれていると、無理をしてでもこの機会を逃すまいと、多くの人が次々とカオス状態の店内に入っていくのを目にしたことはありませんか？　あるいは、あなたもそうやって格安で購入した商品を、戦利品として友人に自慢した経験はないでしょうか？

　株もまったく違いはありません。市場の大暴落とは、株の大バーゲンセールなのです。

　およそ3400ドルから2200ドルへと35％下落した今回の大暴落は、米国企業の株を通常よりも35％も安く購入できる大バーゲンセールだったのです。な

ぜ、悲しむのでしょうか？

　大富豪が不況で資産を増やすカラクリのひとつは、彼らはこういったタイミングで株を購入するということです。たったこれだけのことで、あなたは資産を3400ドルの35.3％に相当する2200ドルで購入することができます。

　株価が3400ドルに戻る時には投資した2200ドルに対して54.5％（（3400 − 2200）／2200 = 54.5％）も資産を増やすことになるのです。

　いかがですか？

　2番底、3番底が待ち遠しくなってきませんか？

図2−1：2020年2月〜6月のS&P500の動き

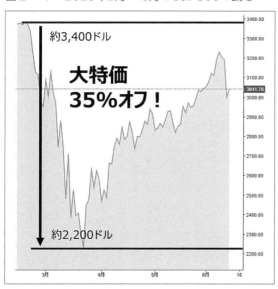

2 ▷ 景気が良くないのに株価が上がるのはなぜ？

◉無尽蔵に株を買い足すことができる？

　もう一度図2−1に戻って、今度はグラフの右上を見てください。暴落する直前の値3400ドルが一時期は2200ドルに暴落したものの、その後ぐんぐん上

昇していき、6月に入って3231ドルまで回復しました。そして、3月23日の底値で購入した人は、わずか2カ月半で45％も資産を増やせたことになりますが、それよりも注目してほしいのは、暴落前の価格の95％まで戻したことについてです。

2カ月半で5％の下落くらいは、毎年1回くらいはあるレベルの下落でしかありません。一方で、この当時は、米国では失業者が2500万人も増え、新型コロナウイルスの感染は収まっていないどころか、まだ広がっているタイミングでした。さらには、黒人が警察官に殺された事件を受けた暴動が全米に広がり、収拾がついていませんでした。そのような状況であったため、多くの店舗が店を閉じたままでした。明らかに景気は戻っていませんでした。変だと思いませんか？

このように景気は明らかに悪くなっているのに、株価はどうして元の株価近くまで上昇したのでしょうか？

実は、これにもカラクリがあります。量的緩和と称して、日銀もアメリカの中央銀行であるFRB（連邦準備制度理事会、または連邦準備銀行）も、お金を印刷して、自国の国債を購入するだけでなく、自国の企業の株式を購入しているのです。

実際には、FRBは、S&P500のETF（米国を代表する500社の株を一定の割合で足して算出しているS&P500と同じ比率で、500社の株式を購入する投資ファンドの一種。投資ファンドではあるが、株式市場に上場しているため、日々売買ができる）を購入しています。一方で日銀は、Nikkei225のETF（日経平均を構成する225社の株を日経平均株価の算出式と同じ割合で購入する上場投資ファンド）を購入しています。

日銀にしてもFRBにしても、株を購入するための原資は、自分たちでお金を刷ることで賄っています。つまり、文字通り何もないところからお金を生み出して、株を購入しているのです。彼らは、お金はいくらでも作り出せるので、無尽蔵に株を買い足すことができます。

株は、売られている量よりも買う量のほうが多ければ価格が上がります。裏を返せば、売られている株と同じ量かやや多めの量を買おうとする人がいれば、株価は上がります。市場参加者がどんなに日本株を売りに出しても、全て日銀

が買っているとしたら、株価が上がらないはずがありません。

日本でも米国でも、中央銀行が自国企業の株を無尽蔵に刷ったお金で買いまくっています。それを聞いても、信じられない方は多いと思います。そんな馬鹿な話はないからです。同時に、こうも思いませんか？　無尽蔵にお金を刷ってよいなら、株価を上げずに国民に配布すればよいのに、と。

◉インフレ・デフレのしくみと中央銀行の役割

私たちは、小学校や中学校の社会科の授業で中央銀行の役割について習っています。「中央銀行のもっとも大切な役割は、物価の安定を図ることを通じて、経済の健全な発展を支えること」と教わっているはずです。

中央銀行はお金を刷ることはできますが、お金を刷り過ぎて、世の中にお金が溢れてしまうと、物価が上昇します。これをインフレ（インフレーション）と言います。

インフレは、主に好景気のときに起こります。好景気のときは、お金がヒトからヒトの手に渡り歩く速度がとても速くなります。この速度が速くなると、1カ月に皆の手元から出ていく金額が増えます。つまり、全体量は変わらなくても、全体として使われた金額は見かけ上増えます。これが市場にお金が溢れている状態です。

みんながたくさんのお金を使える状態になると、モノの価値は相対的に高くなります。限られた品物は多少価格が高くても、誰かが買って品切れになる前に買わなくてはいけないという心理が働きます。これがインフレ時の物価上昇のメカニズムです。

さて、お金がヒトからヒトの手に渡り歩く速度が上がると（つまり1日に何人もの手を通りすぎるようになると）、その時お金がなくても、お金を借りてモノを購入することができるようになります。これを信用取引といいます。

この人にお金を貸しても、利息を付けて返してくれるという信用に基づいた取引だからです。借りる側は、借りた分の利子は発生しますが、すぐに別のところからお金が入ってくることが見込まれているので、支払う利子は少なくて済みます。

このように物価が上昇し始めると、中央銀行は、政策金利を上げることによ

り、お金を借りてモノを買う信用取引の量を減らそうとします。金利が上がっているときにお金を借りると高い利子を支払わなくてはいけなくなるため、高い利子に見合わない取引は行われなくなり、お金がヒトからヒトへ移動する速度が遅くなります。

これが行き過ぎると世の中に流通しているお金が足りなくなり、物価が下落します。これをデフレ（デフレーション）と言います。

実際のお金の量が減っているわけではなく、ヒトからヒトへ渡り歩くお金の速度が減ります。例えば１カ月間にみんなの懐から出ていく金額（同様に入ってくる金額）が減ります。お金が回ってこないので、お金を借りてモノを買う信用取引がやりづらくなります。いつお金が戻ってくるか分からず、破産する可能性も出てくるため、お金を貸す側が貸すのを躊躇するからです。

みんなの懐から出ていくお金が減っているということは、そのお金で購入されていたはずのモノも減っているということです。つまり、モノが売れなくなるので、値段を下げてでも買ってもらおうとします。みんながこれを行うことで、物価が下がり、デフレとなるわけです。

デフレになると、中央銀行は、通常は、信用取引をやりやすくするために、金利を下げてお金を借りやすくします。しかし、お金を刷って、株を買うということは、これまでは行っていませんでした。それを始めてやったのがリーマンショック後です。

◉日銀とFRBがお金をばら撒いている理由

今回のコロナ禍についても、外出規制や営業規制によって、お金の流れが強制的に止まりました。つまり、ヒトからヒトへ渡り歩くお金の量がほとんどゼロになったのです。懐から出ていったお金と言えば、ローンの返済と家賃、食料品、日用品、医療費、水道光熱費くらいのものではなかったでしょうか？

一度止まってしまった流れを、再び高速で回そうとしても、なかなか難しいのが現状です。人間の体内の血液の流れが止まってしまうと死んでしまうのと同じで、企業も個人もお金が入ってこなくなると、死んでしまいます。

ヒトであれば、食べ物が買えなくなり、住居を失い、健康な状態を維持することができなくなります。企業も不渡り（銀行への返済期限に返済できなかっ

たこと）を２回出すと銀行取引ができなくなり、倒産せざるを得なくなります。銀行取引ができなくなると、それこそ入るお金も入らなくなるからです。取引先への支払期限に支払ができずに取引を打ち切られて仕入ができなくなったり、社員に給与を払うこともできなくなったりします。

　ヒトも企業も死んでしまっては、再び経済活動を行うことができません。ヒトからヒトへ渡り歩くお金の流れを創り出そうにも、ヒトが欠けてしまっては、流れができないからです。

　今回、日銀はお金を刷り、政府はお金をこうした個人や企業に配ることで、救済しようとしています。これは日本だけでなく、米国でも同じようにしています。

　さて、日銀やFRBが、大量にお金を刷って、日経平均やS&P500の株を購入しているのは、どういった意味があるのでしょうか？　株をたくさん保有しているお金持ちを救済するためでしょうか？　本書の性質からすると、そうだと言ったほうがよいかもしれませんが、おそらくそうではないでしょう。

　例えば、他社の株を保有している企業が債務超過にならないように株価を上げている可能性があります。負債＞資産だと債務超過になってしまい、借入金を増やして新たな投資をすることができなくなるばかりか、銀行もルールに則ってすでに融資しているお金を回収（貸しはがし）しなくてはいけないからです。

　あるいは、IPOを増やすためには、株式市場が成長していないといけないために、株価を上げようとしているのかもしれません。IPOは、世の中に新たな価値を創造して提供する新興企業が資金調達するために上場することです。不況から脱するためには、新たな価値を創造する企業が育つ必要があると言われています。こういった企業を育てるためには、株式市場が活性化されていなくてはいけないのです。

　さて、いずれにしても中央銀行が株を購入すると日経平均やS&P500が上昇するため、これらの株に投資していれば、資産を急激に殖やすことができます。お金持ちは、大特価で株を購入し、中央銀行によるドーピングの恩恵を受けることで資産を倍増させているのです。

3 ▷ 暴落はなぜ起こるのか？

●売りが売りを呼ぶメカニズム

2020年3月の米国株式市場の暴落は、一気に株式が暴落しました。1日に1000ドル以上下落する日が連日続き、何度もサーキットブレーカーが作動して取引が停止されました。

サーキットブレーカーとは、元々は電力の使いすぎでショートしないように電流をシャットダウンする仕組みのことで、我々日本人はブレーカーと呼んでいるものです。

これが株式市場に使われる理由は、株式市場でも急落を防ぎ、恐怖でパニック売りに走る投資家の頭を冷やすために取引を停止することが、ブレーカーが落ちることによって家電機器が壊れることを防ぐのに似ているからでしょう。

世界恐慌以来、米国の株式市場が暴落したのは合計8回ありましたが、暴落するときは今回と同様に一気に株価が落ちます。そして、そこから回復するのは、比較的ゆっくりです。

図2-2　暴落は一気に起こる

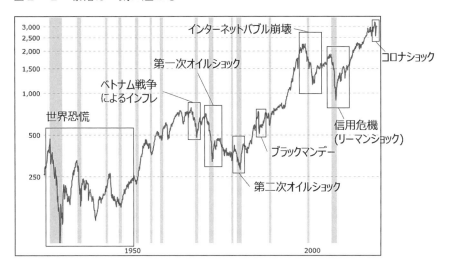

なぜ、上昇するときはゆっくりと上昇するにもかかわらず、落ちる時は急落するのでしょうか？　パニック売りはなぜ起こるのでしょうか？

　実は、プロの投資家の中には投資をするときには、さまざまなレバレッジをかけている人がいます。つまり、信用でお金を借りて投資しているのです。信用取引とは、証拠金や担保を預けることで、その証拠金の数倍の資金を借りて、株を購入することです。その担保として現金だけでなく、保有している株式でお金を借りることもあります。これがパニック売りの元凶と言われています。

　担保として預けている株の株価が下がると、担保として必要な金額を下回るため、証拠金を追加して不足分を補填するか、保有している株を売却して必要な証拠金を減らさなくてはいけません。これを追証と呼びます。

　担保が足りないまま期限を超えると、購入していた株式は全て自動的に売られてしまい、借金の返済に回されてしまいます。追証が足りない場合は、購入していた株を全て売却しても借金を返しきれないため、借金だけが残ることになります。

　したがって、株式市場全体が急落すると、追証を求められる前に保有している株を売却しようと、大勢が一斉に売り始めます。買い手よりも売り手が圧倒的に多い場合、株価は急落します。

　タイミングを逃してうまく売り抜けられなかった投資家は、追証を用意するために、現金を用意しなくてはなりません。そのために、他の金融資産を現金化し始めます。例えば、原油などの先物やオプション取引を精算したり、保有していたユーロや円をドルに変えたりする等です。

　今回は、国債の価格も急落しました。ということは、国債までも売らなくてはいけない状況に陥った投資家が多かったのでしょう。

　このメカニズムによって、売りが売りを呼び、一気に暴落するのです。そしてさらに都合が悪いことに、近年はコンピュータが自動的に取引をするようになっていて、株価があらかじめ設定されていた価格を下回ると、自動的に売却するようにプログラムが組まれています。

　コンピュータの意思決定とそれによる取引の執行は、瞬時に行われるため、株価が大口投資家の設定値を下回ると、コンピュータは自動的にその株を売ります。それがまた別の投資家の設定値を下回ることに繋がり、全ての投資家の

コンピュータが投げ売りをし出すのです。

　これに対して、暴落を止める手段は、前述のサーキットブレーカーしかありません。止める手段がないので、運良く、逃げ切れたか、この暴落による損害に巻き込まれずに済んだ投資家は、価格が下げ止まるまで静観するか、この暴落の波に乗るかのどちらかの選択肢があります。波に乗るというのは、どういうことでしょうか？

　ヘッジファンドのような現金に余裕がある投資家は、市場が落ちると予想した場合には、空売りをして利益を取りにいきます。

　空売りとは、証拠金を担保として預けることにより、株を誰かから借りてきて、それを売ることを言います。他人から借りた株を売ってしまうなんて、信じられないかもしれませんが、期日までに買い戻して返せばよいルールになっています。

　市場が暴落している時は、価格が下がる前に売って、下がってから買い戻すことによって大きな利益を出すことができます。

4 ▷ いかにして現金を集めるかが勝負の鍵

◉お金持ちはコップから溢れた水を飲む

　これまで見てきたように、不況では株価が一気に下がります。これは、バーゲンセールのようなもので、金持ちはこの時期に大量に株式を購入しておくのです。株価は、実際の経済よりも早く上昇するために、比較的早いタイミングで暴落前の株価に戻り、長期的には上昇し続けます。

　金持ちがやっていることは、とても簡単です。安い時に購入して、高くなったら売って、別の割安なものを見つけて投資する。あるいは、高い時にも売らずに保有し続けて、毎年配当を受け取り続けます。

　特に金持ちは、購入した資産を保有し続けることで生み出されたお金を使うのが大好きです。よく例えに出される話ですが、水道の蛇口から水がぽたぽたと垂れていて、下にコップを置くと水が溜まります。ほとんどの人は、のどが渇くとその水を飲んでしまいますが、金持ちはどんなにのどが渇こうと我慢します。そして、水滴でコップがいっぱいになり、そこから水が溢れ出したとき、

その溢れた水滴を飲むのです。

　さて、繰り返しになりますが、金持ちがやっているのは、暴落した後に株を買い、上がるまで待つ。これだけです。誰にでもできる簡単なことです。違いは、この時にどれだけの現金を用意できるかです。

　このタイミングで失業状態になってしまった人は、当面の生活費を何とかするだけで大変かもしれません。そうであっても、現金預金が十分にあれば問題ありません。しかし、例えば資産をたくさん持っている金持ちであっても、それらを株で持っていては、現金に変えたとしても、ごくわずかしか手元に戻りません。

　では、金持ちは、暴落したときに株を買う現金を、どうやって手に入れているのでしょうか？　ひとつは、元々暴落に備えて現金を多めに持っている場合があります。株で米国第二位の大富豪にまで上りつめたことで有名なウォーレン・バフェット氏は、自身のファンドであるバークシャーハザウェイが2020年4月時点で1370億ドル（14兆円）もの資産を現金で保有していると発表しています。

　歴代の大統領をコーチしてきたことで有名なアンソニー・ロビンズ氏の下には、大富豪のクライアントが集まります。彼の下には、世界中の富豪からの情報が集まるのですが、彼は数年前からセミナーの中でそろそろ大暴落が起こるので、それに備えて現金を保有するように言い続けていました。

　残念ながら、すでに暴落は起こってしまったので、いまそれを知ったとしても意味がないかもしれません。私も含めて誰もが、今年暴落することが分かっていたら、昨年の散財は控えていたのに、と思うものです。しかし、これから2番底、3番底が来るとしたら、いまからでもできることは少なくないはずです。

　例えば、出費の少ないライフスタイルに変えるのも大切です。「みんながそれをしたら、経済は低迷したままだ」と、倹約に否定的な意見もあるでしょうが、歴史上全員がそれを実行したことはありません。あなただけがすればよいのです。もちろん、ガチガチに倹約する必要もありません。倹約しなくても、他にお金をためる手段があれば、それでよいのです。

　あるいは、副業をすることで、収入を増やせる機会があるならば、それもすべきです。在宅勤務が許されるようになったのであれば、通勤時間というムダ

な時間がなくなった分、別のことに費やせる時間ができたはずです。

　あるいは、通勤する必要がないならば、いっそのこと家賃や生活費の高い都会を離れて、郊外や田舎に住むということも可能かもしれません。すでに数年前からそういう生活を手に入れた人が出始めました。コロナ禍をきっかけとしてリモートワークが推奨されるようになったいまは、それを推し進める絶好の機会です。

　もっと、手っ取り早く現金を用意したい場合には、低利で資金を借りるということもできます。これは、小規模事業主や個人事業主の方であれば、比較的容易にできると思います。サラリーマンであれば、生命保険の契約者貸し付けを検討してみてもよいかもしれません。

　ところで、多くの成功者は、資産を保有する形として、現金での保有をもっとも避けるべきだと公言しています。現金はインフレ（物価上昇）に弱く、それを持っているだけでは増えることがないからです。例えば、ロバート・キヨサキ氏は金（ゴールド）を持てと言います。金（ゴールド）であっても、保有しているだけでは、それ自体は増えませんが、インフレに強いからです。一方で金（ゴールド）の現物はインゴッド（延べ棒）単位の売買には手数料はかかりませんが、小さくなるほど手数料が高くなり、割に合わなくなります。

　もちろん、遊ばせているくらいなら、第２波、第３波が起こったときのために、一部金（ゴールド）を購入しておくのは悪くないかもしれません。金（ゴールド）は株の暴落時に値上りしますが、現物だと手数料が高いのが欠点です。

　これから株が暴騰するかもしれないときには、すぐに現金に換えられる方法で保有するのがよいでしょう。第２波、第３波に備える目的では、現物ではなく、後述するCFDでレバレッジを低めに保有するか、金（ゴールド）のETFで保有するのがお勧めです。これらの手数料は、小額の現物より割安でもあります。

5 ▷ レイ・ダリオの全天候投資術

◉どんな状況でも利益を出すことができる魔法のレシピ

　世界一のヘッジファンド、ブリッジウォーター・アソシエイツ社の創業者レイ・ダリオ氏は、負けない投資家として有名です。

米国の統計では、3年連続でインデックス（株価指数）よりも成績が良かったファンドマネジャーは、わずか5％しかいないということですが、レイ・ダリオ氏は2008年のリーマンショックの年ですらプラスの運用成績で乗り切ったことで有名です。2015年から2017年は市場に負けていますが、それでもどのような市場環境であっても安定的な成績を出しているのです。

　その秘密は、彼の全天候ポートフォリオにあります。市場が冬のように厳しかろうが、夏のように絶好調であろうが、安定して利益を出し続けることから、この名前が付いています。同じように投資する限り、どんな状況でも利益を出すことができる魔法のレシピです。

　さて、この魔法のレシピは、彼の書籍やアンソニー・ロビンズ氏によって公開されていて、最近までは次のような比率になっていました。

図2-3：全天候ポートフォリオ（2020年Q1まで）の内訳

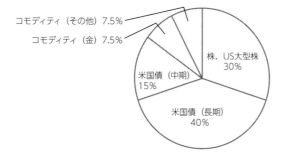

コモディティ（その他）7.5％
コモディティ（金）7.5％
米国債（中期）15％
米国債（長期）40％
株、US大型株 30％

　すなわち、投資資金を、株式に30％、米国の国債に55％（長期国債に40％、中期国債に15％）、金（ゴールド）に7.5％、その他のコモディティやそれ以外の資産に7.5％を振り分けるのです。

　残念ながら、米国国債を購入するには、かなりの資金が必要です。しかし、一般の投資家が投資する方法があります。それは、ETFです。次ページのETFを構成比に従って購入しておけば、全天候ポートフォリオになります。なお、SBI証券でも次ページのETFは扱っています。実は、レイ・ダリオが率いるファンド、ブリッジウォーター・アソシエイツもETFで投資を行っているようです。

図2－4：全天候ポートフォリオを構成するETF

構成比	ティッカー	ETF名称
30%	VTI	バンガード・トータル・ストック・マーケット ETF
40%	TLT	iシェアーズ 米国国債 20年超 ETF
15%	IEI	iシェアーズ バークレイ3-7年米国国債ETF
7.5%	GLD	SPDR GOLD SHARE
7.5%	GSG	iシェアーズ S&P GSCI COMMODITY-INDEXED T

◉**全天候ポートフォリオが変わった！**

　さて、このように万能なはずの全天候ポートフォリオですが、レイ・ダリオはコロナで市場が大暴落した直後の2020年の4月にTVインタビューで次のように語っていました。

「米国国債は金利がゼロになったにもかかわらず価格が下げ止まっている。これからは国債を保有している意味はなくなったのかもしれない。」

　そして、8月に発表された第二四半期のポートフォリオでは、国債はほとんどランキングから消えてしまっていて、S&P500のETFに35%、金（ゴールド）のETFに20%、中国関連株に14%、エマージング市場株に11%、米国・カナダ以外の先進国株に4.5%となっていました。

　つまり、国債はポートフォリオから外し、株式と金（ゴールド）に集中させています。そして、株式については先進国が全体の40%（うち米国が35%）、中国が14%、エマージング株が11%という比率です。

図2－5：全天候ポートフォリオ（2020年Q2）の内訳

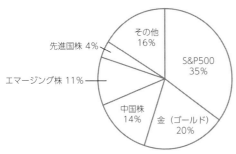

6 ▷「金（ゴールド）を持て！」と言われるが

●株が暴落したときには、金（ゴールド）は上がるはずだが……

レイ・ダリオ氏やロバート・キヨサキ氏もそうですが、多くの金持ちが金（ゴールド）を持つように勧めるのをよく聞きます。金（ゴールド）は不況では値上りするからです。しかし、常にそうかというと、今回、暴落時には必ずしもそうならないことが分かりました。

図2－6：2020年の株式暴落時の金の値動き（灰色：金（ゴールド）、黒色：S&P500）

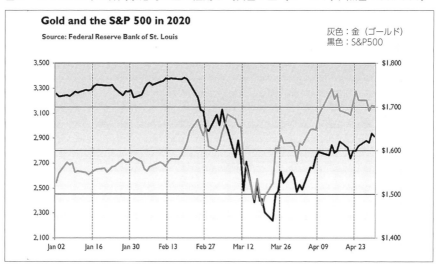

図のように、株式市場が暴落した週には、金（ゴールド）も一緒に暴落しています。しかし、その後は株式市場よりも早く上昇に転じています。株式市場が暴落したときには、金（ゴールド）は上昇するはずですが、今回は同じように暴落しました。さて、この暴落はどうして起こったのでしょうか？

想像でしかありませんが、株式市場が暴落した際にサーキットブレーカーが発動して、多くの投資家の買いポジションが自動的に精算されました（保有していた証券などの金融資産を、システムが自動的に売却した）。この暴落の幅

があまりにも大きかったため、安全資産だった金（ゴールド）までも売りに出さなくてはならなかったのでしょう。

　暴落がひと段落して、危険水域を脱したときに、金（ゴールド）を売り払ってしまった投資家は、あわてて買い戻したに違いありません。なぜなら、金（ゴールド）は不況では上昇するはずの資産だからです。通常時は金融資産の価格の上昇や下落は、人の気分で起こります。それを気配とかセンチメントとか言います。多くの人が下がると信じて動けば、暴落が起こります。一方で、多くの人が上がると思って動けば、価格は上昇するのです。

　実は、金持ちが金（ゴールド）を保有しろと言うのは、株式市場が暴落したときに、証券を底値で購入することができるからです。もちろん、現金を保有していても底値で購入できるのですが、いつ暴落するか分からない時には、現金より金（ゴールド）が好まれます。その理由は2つあります。

◉金を保有する2つの理由

　ひとつは、現金はインフレに弱いということです。日本はバブル崩壊後30年近くもずっとデフレが続いていた数少ない国ですが、ほとんどの国では少しずつ物価が上昇する弱いインフレが続いているのが当たり前なため、金利がほとんど付かない昨今の状況では、現金預金は蓋を開けっ放しにしたウィスキーと同様で、時間がたつほど目減りしていってしまいます。

　一方で、金（ゴールド）で保有している限り、インフレとともに金（ゴールド）の価値もゆるやかに上昇していきます。

　現金より金（ゴールド）で保有することが好まれるもうひとつの理由は、過去の経験上、株式市場が暴落するときには、金（ゴールド）は値上りするからです。値上りしているときに金（ゴールド）を売却して現金化し、大バーゲンセールスになった投げ売り状態の証券を購入するのです。こうすれば、現金で保有していたときよりも多くの証券を購入できるのです。

　では、すでに株式市場が暴落してしまった場合は、どうでしょうか？

　暴落している最中は、理想的には早期に株を売って、金（ゴールド）を買うことです。今回は株式市場の暴落と同時に金（ゴールド）の価格も暴落しましたが、このときに金（ゴールド）を仕込めていれば、株式市場が上昇に転じる

前に金（ゴールド）が急騰したため、株式市場が上昇し始めたときに金（ゴールド）を現金化することで、暴落時に現金のまま保有していたよりも多くの現金を用意することが可能になっていました。

そして、株式市場の暴落がひと段落し、上昇に転じたときは、すでに割高になっている金（ゴールド）を購入するよりは、割安の株を購入するほうが有利です。そして、2番底・3番底に備えるならば、ある程度の現金を残しておくのがよいでしょう。その際には、流動性の高いETFで金（ゴールド）を保有するのがよいと思います。

このように、お金持ちが金（ゴールド）を持つ理由は、インフレ時に資産を目減りさせないで保管し、市場の暴落時により多くの株を底値で購入するための現金をなるべく多く手元に確保しておくためです。

したがって、市場が暴落してしまった後は金（ゴールド）を持つのではなく、手放して現金化すべきです。その現金で、上昇していく株を購入するか、2番底、3番底で株を購入するために備えるためです。

そして、ある程度株価が元に戻ったら、再び金（ゴールド）に投資をするのが望ましいでしょう。

7 ▷ 割安な資産を買う

◉不況でチャンスが生まれる3つの理由

安く買って、高く売る。これは商売の鉄則ですが、投資でも同じです。そして、好況のときも不況のときも変わりません。ただし、好況のときには、みんなが同じことを考えるため、良い資産を安値で手に入れるのはとても困難です。一方で、不況で多くの人がお金を失っているときこそ、工夫次第で大きく儲けることができるチャンスが生まれます。

そのようなチャンスが生まれる理由は、次の3つに集約されます。

①競争が少ない

皆、生活のためにお金が必要か、立て直すため、あるいは借金を返すためにまずお金が必要で、投資に充てる余裕がありません。

②突然生まれた機会に気づける人は少ない

　いままでは、存在しなかった機会が、不況によって突然生まれます。ほとんどの人はそれに気づくことはなくチャンスに出会えません。しかし、それに気づいて活かすことができた人は、莫大な富を得ることができます。

　気づかない人が多いので、競争が少ないところが、莫大な富を得ることのできる理由でもあります。

③国が不公平に優遇するところがある

　国が早期にやりたいことは、国民の大多数が不幸にならないようにすることです。例えば失業者を増やさないこと、お金の流れを止めないことです。したがって、まず金利を下げてお金を借りやすくします。そして、次に株式市場の暴落を止めて元の株価近くまで戻そうとします。そうすることで、企業の資本調達がやりやすくなります。

　国は、限られた予算で最大限の効果を得るために、お金が直接配られるところと、そうでないところが生まれてしまうのです。

◉**株式市場が上昇していなければならない理由**

　企業の世界では、バランスシート（貸借対照表）があり、資本＝資産－借金となります。そして、健全な企業は、資本＞０でなくてはいけません。資本＜０の状態は債務超過と言います。

　いくら金利が０になっても、資産価値が暴落したり借金が増えたりして、借金が資産の評価額を上回ってしまうと、債務超過になってしまい、それ以上お金を借りることができなくなります。貸す側にしてみれば、貸したら返ってこない可能性が高いからです。

　資産－借金が０に近くなると、資本金を追加するか、保有資産の評価価値を大きくする必要があります。企業が資本を追加する（増資する）には、企業の株式が上昇するという希望がないと買手がつかないため、株式市場は上昇している必要があります。

　そこで、中央銀行は株式市場にテコ入れしようとします。具体的には、ETFを購入します。通常、ETFの購入は上場している複数企業の株を一度に買う

結果を引き起こします。

　次に、社債に投資しているETFを購入します。こうすることで、資本市場だけでなく債券市場にもお金の流れを作ろうとします。こういった行為は、金持ちの資産をさらに増やすことに繋がり、貧富の差が拡がる理由もここにあります。

　それでも景気が戻らず、大企業が倒産しそうになった時には、その企業だけでなく、取引先企業の雇用も守るために、大企業の救済ということをやります。

　いずれにしても、注ぎ込まれたお金は、最終的には、経済全体に回っていき、正常化していきます。しかし、一時的にしろお金の流れは偏ります。そして、最初にお金を注ぎ込んだ部分は、真っ先に現金を手に入れて、その現金でチャンスを掴むことができます。後からお金を手にした人たちは、すでにチャンスは消えてしまっているため、平等になりようがありません。

　さて、このような前提の中で、もしあなたの手元に現金があるとしたら、早いうちにチャンスを見つけて動くことで、将来値上りする資産を超割安なうちに手に入れることができます。どんなチャンスが生まれてくるのかは、国や時代で変わってきます。参考までにリーマンショックの時にチャンスを活かした例をいくつか紹介します。

◉**株式市場と不動産市場の回復の時間差**

　株式市場は暴落して底を打った後、1年後には暴落前の価格に戻り、その後上昇し続けました。

　リーマンショック直前の2008年8月の価格に戻ったのは、2年半後の2011年3月でしたし、もっとも長いところでサブプライム問題が顕在化し始めて株価が下がり始めた2007年10月から、その時の水準に戻るまでは6年かかりました（図2-7）。

　一方で、米国の不動産価格はさらに時間を要しました。

　図2-8は、S&Pが毎月公表しているCase-Shiller National Home Price Index（全米住宅価格指標）で、新築住宅市場だけでなく、それよりもはるかに規模の大きな中古住宅市場の値も含めたものです。これによると、不動産価格がリーマンショック時の2008年9月の価格に戻ったのは、5年半後の2014

図2－7：リーマンショック時の株式市場の回復までの時間（S&P500）

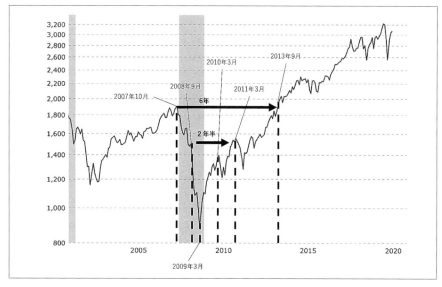

出典：S&P500

図2－8　リーマンショック時の不動産市場の回復までの時間

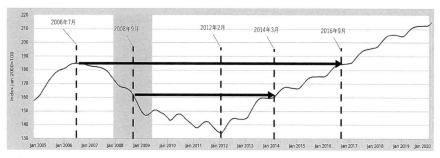

出典：Case-Shiller National Home Price Index

年3月です。不動産価格が落ち始めた2006年7月時点の不動産価格に戻るのに
は、なんと10年以上もかかっています。

　この差を使って、大儲けをした人たちがいました。米国では、株式市場が戻
り始めた2011年くらいから、中古住宅のリノベーションビジネスが流行りま

した。中古住宅を底値で買い取り、なるべく業者を使わずに自分たちでリフォームをして、流行にあった間取りやデザインにすることで高く販売するというやり方で、短期間で大金持ちになる人が続出しました。

この時にチャンスを掴んだのは、格安の物件を見つけて、それを購入するための現金をかき集めることができた人たちでした。

この時、例えば2009年3月のあたりで株式を購入していれば、2011年3月には株価は2倍になっていましたから、それを現金化することで、不動産ビジネスへの参入を果たせたことになります。

◉地域間の価格差を利用した例

地域間の価格差を利用した例としては、中古クルーザー販売があります。リーマンショックで多くの金持ちが、現金をかき集めるために保有していた資産を投げ売っていたのですが、その当時、不動産市況が暴落していたのは米国だけでした。株式市場と金融機関は一時的に世界的に影響を受けていたものの、それ以外の国では影響が少なかったのです。私が聞いた話では、オーストラリアのゴールドコーストで顧客を見つけてから、フロリダで買手がつかないくらいに投げ売りされていたクルーザーを格安で買い取り、コンテナで運ぶということをして、大金を手にしたということでした。

今回のコロナ禍による不況は、世界的なものなので、同じことはできないかもしれません。しかし、こういった混乱が起きたときには、いずれ高く売れるものを格安で購入できる機会が必ず巡ってきます。そういったモノは何なのかを常に探し続け、同時にその機会を活かせるように現金をかき集めておければ、チャンスを掴むことができるのです。

第**3**章

▼

暴落時に
仕込むべき銘柄

●業績不振のなかでの株高の限界

　3月に株価が暴落し、4月には原油価格もマイナスになるなど、市場はパニックになりました。8月になると、株価も原油価格もほとんど1月時点に戻しました。2020年の年末には株価は最高値を超えてさらに上昇しています。しかしながら、はたしてこのままずっと上昇し続けるのでしょうか？

　3月以降急速に株価が上昇した理由のひとつは、日欧米で中央銀行が紙幣を刷って株式市場に資金をつぎ込んでいるからです。これを量的緩和（QE）と言います。リーマンショックの時にも各国が同じことを行い、米国についてはそのカイあって、2019年末にはそれまでの株価の2倍をつけるまでになりました。今回も同じことをやっているため、このまま上昇し続けて、2030年にはいまの2倍になっているかもしれません。

　一方で、投資家が株を購入する理由は、将来の利益を期待するからです。購入した株価に対して、配当や値上がり幅がどのくらいなのかを常に気にしています。値上がり幅が大きく拡がり続けることは、前述のように各国政府が量的緩和政策を続ける限り期待できるように思えます。

　ところが配当については、どうでしょうか？

　コロナが再び猛威を振るい、一度収束したかに見えたコロナの感染者数は各国で再び増え続けています。再びロックダウンを行っているところもあれば、表向きは通常通りやっているように見えて、客が戻ってこないというケースはたくさんあります。

　実体経済が戻らない限り、ほとんどの企業では利益を出すことができません。今年が赤字なのは仕方ないかもしれませんが、来年、再来年と赤字を繰り返すようでは、配当は期待できません。そうなってくると、投資に見合わないことになり、投資家はそういった株を売却し始めるでしょう。

　すると次は、株価が暴落する……ということになりかねません。

　この章では、再びマーケットが暴落したときに、チャンスを逃さずに資産を倍増させるためには、どのような投資対象が注目を浴びていくかについて、お話しします。

1 ▷ 本来の資産価値を大きく下回るもの

　市場が再び暴落したときに、暴落後にどういったものを購入するのがよいでしょうか？

　投資の原則は、「安く買って高く売る」ですから、暴落によって、価格が本来の資産価値を大きく下回ったものを購入することをお勧めします。ここでは、2020年3月の暴落を受けてかなり割安になった次の4つについて、評価してみたいと思います。

①原油（WTI原油ETF、原油関連銘柄）
②REIT（米国・豪州）
③J-REIT
④中古不動産

1−1　原油（WTI原油ETF、原油関連銘柄）

●長期的には減少の一途をたどっていくが……

　原油といえば、非常に貴重な資源だという先入観を我々は持っています。しかし、すでに20年くらい前から供給過剰気味になっていることはご存じでしょうか？　20年くらい前までは、原油の供給量（オイルサプライ）不足がニュースになっていましたが、今では原油の供給過剰や需要減少がニュースになるようになりました。

　理由はいくつかあります。例えば、カナダでオイルサンドが採掘されるようになり、米国もシェールオイル・シェールガスが採掘されるようになりました。米国でのシェールオイルの埋蔵量は、米国の100年分のエネルギーを賄えるそうです。ある日突然、米国は産油国に返り咲きました。

　米国は、世界最大の原油輸入国だったのが、原油の輸出国に変わったことで、ロシアやOPEC、ベネズエラ等のかつての産油国は非常に苦しい状況に置かれ

るようになりました。以前は掘れば掘るほど高値で売れたものが、掘れば掘る
ほど値下がりしてしまうのです。そして、自国が掘らなくても、他国が掘ると
値下がりするため、これら産油国の原油による収入は激減する破目になってい
ます。

　これに加えて、欧州を中心に、気候変動対策で化石燃料の利用が避難される
ようになってきました。実は、原油は天然ガスに比べて火力発電によるCO_2排
出量が高いため、原油よりも天然ガスが好まれるようになり始めました。そし
て、風力発電やソーラー発電のような再生可能エネルギーへのシフトも急速に
始まっています。

　これからの原油の需要は、ますます減っていくと思われます。再生可能エネ
ルギーの利用がますます発展していくだけでなく、ガソリン車がEVにシフト
していくからです。

　一方で、アジアやアフリカでの人口増加と経済発展は、爆発的なエネルギー
需要を押し上げますが、これらの地域では太陽光エネルギーは無限に手に入る
ため、ソーラーパネルやバッテリーのコストが技術革新と量産効果でますます
下がるにつれ、限界費用（マージナルコスト）が無料に近くなります。したがっ
て、これらのエネルギー需要の増加は、再生可能エネルギーで多くが吸収され
てしまうでしょう。

　こうなってくると、原油価格は長期的には減少の一途をたどっていくことに
なるため、暴落したからと言っても、はたして本来の価値を大きく下回ってい
ると言えるのかは疑問かもしれません。しかし、コロナで減った原油需要が元
に戻れば、少なくとも3〜5年は、1バレル50ドル〜70ドルまでは戻ると私
は思っています。

　したがって、万が一原油価格がまた20ドルを切るようであれば、仕込んで
もよいと思います。

1-2　REIT（米国・豪州）

●不動産の欠点を補った、真っ先に注目すべき銘柄

　不況の時に強い資産の代表格は不動産です。不況になったとしても、家賃は

下がらないため、家賃収入は入り続けるからです。そして、不動産の賃貸契約は長期で、特に海外では先に数カ月分の家賃をデポジットとして払う慣習になっているため、いきなり収入が途絶えることがないからです。

　海外不動産の中でも、特に市場が安定して上昇しており、管理状態も良いのは米国と豪州です。

　一方で、不動産投資にも欠点があります。最大の欠点は、資金の流動性がないということです。不動産は、売却しようと思っても、売却が完了するまでには多くの時間がかかります。ひとつの金額が大きいために、まとまった資金を持つ資産家や、すぐに銀行からお金を借りられる立場の人でないと買えないからです。

　REITというのは、Real Estate Investment Trust（不動産投資信託）の略で、不動産を小口証券化し、株式市場に上場させたものです。小口に分割されているために、小さな資金でも投資できるようになり、さらに上場しているために売買は容易で判断してから即日で取引が完了します。つまり不動産の欠点である流動性を確保しているのです。

　そして、通常は株式市場が暴落しても、不動産価格そのものは落ちないのですが、REITの場合は株式市場全体の暴落に引きずられて、REITの価格も落ちるのです。2020年3月の市場暴落では、REITの多くは50％くらいに株価が下落しました。

　REITは法律で家賃などの不動産運用益のほとんどを株主に配当しなくてはいけないルールになっています。そして、家賃収入は世の中が不景気になっても変わりづらいため、利益が減ることは通常ありません。利益が同じで、半額で入手できるのであれば、暴落した時点で購入しても2倍の利益が期待できるということになります。

　このように、不動産の不況に強いメリットを持ちながら、流動性のなさという欠点を補ったREITは、株式市場が暴落したときには、真っ先に注目すべき銘柄です。

1−3　J-REIT

◉日本の不動産のREIT

　REITの中でも日本の不動産で東京証券取引所に上場されているものを
J-REITと呼びます。

　コロナの被害がひどく、世界恐慌以来の高い失業率に見舞われている米国な
どの海外ではなく、比較的市場へのダメージも少ない日本の不動産のREITに
注目する人も少なくありません。

　ところで、REITの中でも、保有している不動産の店子によって、経営の安
定度合は異なります。例えば、ホテル向けに不動産を貸している物件を多く保
有しているJ-REIT、小売り商業施設に多く貸しているJ-REIT、企業などのオ
フィス向けの商業物件に多く貸しているJ-REIT、主に住宅用のマンションの
部屋を多く貸しているJ-REITといった具合です。

　今回のコロナでは、旅行需要がほぼゼロになったために、ホテルに貸してい
る物件については、ホテルが倒産したり閉鎖したりすると、家賃収入が入らな
くなります。

　また都心のオフィス需要は、テレワークの導入で今後はますます激減する可
能性を秘めていますが、しばらくは安泰そうです。一番安泰なのは、賃貸住宅
向けに物件を貸与されているほうです。

　3月に暴落した時点では、最高値の半値以下になった銘柄もあります。8月
時点では最高値の3分の2程度まで戻ってきました。賃貸物件の利回りに相当
する分配金利回りは通常3〜5%くらいのところが、暴落時は8〜10%でした。
1年の利回りが8%と考えると悪くないのではないでしょうか？

　5000万円を利回り8%で運用した場合、年400万円に相当します。税率は
20%であるので、年320万円、毎月27万円の手取収入となり、贅沢をしなけれ
ばこれだけで遊んで暮らせることになります。

1-4 中古不動産

◉新築は中古に比べると3割ほど割高

　不動産投資も選択肢としては悪くないと思います。現在の金利は非常に低い上に、法人であれば持続化給付金、持続化補助金に加え、政策金融公庫などからの借入も比較的容易になっています。

　もし、法人を持たれているとしたら、その法人で中古不動産を購入して家賃収入で運用するのは、平時に比べればはるかにやりやすいでしょう。

　不動産の欠点は、REITの項で触れたように資金の流動性の悪さです。しかし、収入が安定的なことに加え、借金で投資することが認められている数少ない資産でもあります。つまり、レバレッジが掛けられるのです。

　レバレッジという点では、後述する先物や信用取引、CFDでも可能ですが、価格下落のリスクを考えると、長期保有の安全性は現物の不動産投資には敵いません。

　ところで不動産投資の中で、なぜ中古不動産なのでしょうか？

　新築不動産のほうがローンを借りやすいものの、新築の場合はデベロッパーの利益が上乗せされるため、中古に比べると3割ほど割高と言われているからです。

　この中古不動産投資は、日本だけが対象ではありません。第2章で紹介したように、2007年〜2008年に起きた信用危機の後、2012年頃から米国では中古不動産で大儲けをした人が続出しました。不況で職を失い、ローンが支払えずに手放さざるを得なくなった人が続出したからです。競売物件も続出したと聞いています。

　今回の経済危機は、当時よりも大きいと言われています。ということは、米国のみならず世界中で同じようなチャンスが転がっていると見ることができます。

　住宅市場が下落するのは、もう少し先になるでしょう。前回の信用危機では、株式市場は2009年3月に底を打ちましたが、住宅市場はその後も下がり続け、2012年にようやく底を打ちました。下がり続けているときに安いからといっ

て住宅を購入しても、すぐに転売しようとしても購入時点より安くしなくては売ることはできません。競売物件は、法的整理に時間がかかるために、購入が完了するまで時間がかかります。

　そのように考えると、不動産市場が暴落して中古不動産を安く手に入れられる底値のタイミングは、数年後になる可能性が高そうです。その時までに、株式市場等の他の市場で資金を増やしておくのがよいかもしれません。

2 ▷ バフェット銘柄

◉ バフェットのポートフォリオTOP10

　毎年発表される長者番付に毎年上位にランクインしている投資の神様、ウォーレン・バフェットは、大衆が利用する商品やサービスを生み出している企業に投資すると言われています。2020年3月の暴落を受けて、彼の投資会社であるバークシャー・ハサウェイの保有株を見てみると、どの企業に投資するのがよいのかの参考になります。

図3−1　ウォーレン・バフェットのポートフォリオTOP10（2020年5月）

順位	銘柄	比率	業種
1	Apple	36.5%	情報技術
2	Bank of America	11.5%	金融
3	Coca-Cola	10.4%	生活必需品
4	American Express	7.6%	金融
5	Wells Fargo	5.4%	金融
6	Kraft Heinz	4.7%	生活必需品
7	Moody's	3.1%	金融
8	J.P.Morgan Chase	3.0%	金融
9	US Bancorp	2.6%	金融
10	DaVita	1.7%	ヘルスケア

　ただし、気をつけなくてはいけないのは、バフェットがいま保有しているからといって、これから投資する人に最善とは限らないことです。彼は、まだ株価がいまほど高くないタイミングで買って保有しているからです。

残念ながら、ほとんどの銘柄は割高になってしまっています。しかし、その中でも今後も値上りが期待できるとしたら、コロナの影響で暴落してから、回復しきれていない銘柄でしょう。

　AppleとKraft Heinz、Moody's、DaVitaの4社は、すでに回復してしまっています。回復していないのは、Coca Colaと金融機関です。金融機関の中では、J.P. Morgan Chaseの持ち分を減らし、Bancorpの持ち分を増やしています。

1　Coca Cola
2　Bancorp

　また、TOP10には入っていませんが、ウォーレン・バフェットの保有銘柄のうち、コロナ前の価格に戻っていない銘柄をピックアップして見ていきましょう。

3　Occidental Petroleum Corporation（オキシデンタル石油）
4　STORE Capital Corporation
5　Mondelez International, Inc.

●バフェットの投資に丸ごと乗っかる

　ところで、バフェットの保有銘柄の中には、コロナの影響で一度は暴落したものの、その後急激に株価を上げて、コロナ前の価格をあっさり超えている銘柄は少なくありません。Apple、Kroger、Costco Wholesale Corporation（コストコ）、UPS、RH（ロシュ）、Charter Communications, Inc.、P&Gなどです。このようなところでも、バフェットの目の付け所の凄さが垣間見れます。

　そうであれば、バフェットの投資に乗っかることができたら、どんなに良いかと思いませんか？　バフェットの投資方法を研究して実践するよりは、バフェットに投資を任せてしまうという発想です。通常、バフェットのような大物投資家でないとしても、彼らのようなファンドに運用を任せるとなると、少なくとも億単位の資金が必要となります。

　ところが、バフェットのファンドに限っては、少ない資金から投資ができる

のです。それというのも、彼の投資会社、バークシャー・ハサウェイはNYSE（ニューヨーク証券取引所）に上場しているため、この株を購入すれば、資金運用をバークシャー・ハサウェイに任せるのと同じことになります。

3 ▷ 次のパニック売りで投資するもの

◉バフェットもレイ・ダリオも暴落に備えている

　このバフェット保有銘柄の中で、一度は暴落したものの、その後急激に株価を上げて、コロナ以前の価格を超えて上昇し続けている銘柄は、次のパニック売りで注目すべき銘柄でもあります。

　あらためて一度リストアップすると、

・Apple

・Kroger

・Costco Wholesale Corporation（コストコ）

・UPS、RH（ロシュ）

・Charter Communications, Inc.

・P&G

などです。

　株価暴落の第2波はインフルエンザの流行と重なったときに来ると言われていましたが、2020年中には来ませんでした。英米から接種が始まったワクチンが有効であった場合には、第2波以降は来ない可能性もあります。それでも、再び暴落が起こる可能性はいくつかあります。

　ひとつは、前述したように、世界恐慌のときには最初の底はピークから3年経ってから訪れ、2番底は10年後、3番底は20年後に訪れました。当時よりは各国政府や中央銀行の対応は迅速なために、ここまで長い時間は掛からないと思いますが、1年後〜3年後に暴落が起こることは十分に警戒しておくべきだと思います。

　2つ目は、各国の中央銀行の金融政策のおかげで、株式市場は復活しているものの、実体経済が追いついていないと、これから数年間の企業の利益は悲惨な状態のままでしょう。

企業の業績が戻らなければ、配当も期待できません。配当がでないとなると、投資家が株を保有しているメリットは、株価が上昇することしかありませんが、実体のない株価の上昇はバブルであり、いつまでも続かないことは皆分かっています。早いうちにバブルは弾け、暴落が起こると誰もが考えます。

　最後は、バフェットもレイ・ダリオも現金を用意しているということです。レイ・ダリオは、現金が最悪の投資対象だと公言していますが、その彼ですら現金を用意しています。その理由は、2つ目の理由によって株価が再び暴落することに備えているからではないかと思います。

　このように、再び暴落が起こると仮定したとき、前記のバフェット銘柄の他にも注意しておくべき株は、情報通信技術と製薬業です。この2つの産業は、これまでも急激に伸びてきましたが、これからも成長し続けるのは間違いないでしょう。

4 ▷ インフレに強い資産に投資する

◉ なぜ、不況なのにインフレなのか

　不況時に仕込むべき投資対象として、インフレに強い資産に投資することにも意識を向ける必要があります。不況というとデフレじゃないかと思うかもしれませんが、不況の時はデフレでも、その後にインフレが必ず起こります。

　それは、直近の10年の米国経済を振り返ってみると分かると思います。17ページの図1−1を見ると分かるように、リーマンショック前のS&P500の最高値はおよそ1900ドルでしたが、今年上旬の最高値は3200ドルでした。リーマンショック後の底を打ったのが2009年でしたから、10年ちょっとでそれ以前の株価の1.7倍に成長しています。

　もちろん、これは企業の価値が上がったという解釈もあります。ハイテク製品やクラウド等のサービス価格は急速に下がっていて、Spotifyやネットフリックス等、音楽や映画を楽しむことは、とても容易になり、ますます便利になりました。

　しかしながら、米国では、家賃などの生活物価は上昇しており、貧富の差が拡がり、富裕層でない限り、生活は急速に苦しくなっています。日本と同様、

収入はほとんど増えていかないにもかかわらず、生活コストは徐々に高くなってきたのです。

インフレというのは、お金の価値が目減りしていくということでもあります。当時は、FRB（米国の中央銀行）が量的緩和（QE）を実施しました。通常の不況では、中央銀行の仕事は金利を下げることですが、下げる所まで下げた結果ゼロ金利になると、次は中央銀行がお金を刷って市場に供給するということを始めました。市場に出ているお金が物理的に増えれば、お金の価値は下がります。これが、直近の10年で株価が上昇した背景です。

そして、コロナの流行に合わせて米国だけでなく日本でも行っているのが、お金を刷ってばら撒くことです。前回は、不動産バブルがはじけて信用収縮が起こったのが大不況の原因でした。

基本的にあると思っていたお金が突然なくなったので、いくらお金を刷って市場に流しても、一時的にはインフレにはなりません。しかし、信用取引が復活すると、レバレッジを掛けた取引が多くなるため、母数が増えた分だけ市場にお金が有り余る状態になりました。

ところで、このカネ余り状態は、投資家にとって嬉しいことばかりではありませんでした。なぜなら、余剰資金を投資する先が枯渇したからです。どこに投資しても高い利回りで運用することが困難な状況になりました。

そうした行き場のない富裕層の余剰資金がどこに行ったかというと、ベンチャー投資です。「火星に移住するぞ！」と言ってロケット開発を行うために開発資金を湯水のように使い、利益が出ない事業（スペースXのこと）にお金が集まるのは、そういう行き場のないお金が、夢に向かっていったのです。

◉インフレに強い資産とは

さて、リーマンショックでは、信用収縮が不況の原因でした。ところが、今回の原因は、お金の流れが止まっただけで、全体のお金が減ったわけではありません（それがきっかけで信用収縮は起こりましたが、原因ではありません）。

全体としてお金が減ったわけではないにもかかわらず、お金を大量に刷って市場に放出しているため、市場が成長軌道に戻り始めると、その新たに刷られたお金にもレバレッジが掛かり、より大きな資金が余剰になるはずです。その

先に待ち受けているものは、間違いなくインフレです。

　これについて、レイ・ダリオは、次のように明言しています。

「多くの人は、現金こそがもっとも安全な資産だと思っているが、それは間違いだ。現金こそが、もっともリスクの高い資産だ。なぜなら、インフレで価値が目減りしていくのが現金だからだ」。

　そういう彼も、現在は相当な額の現金を保有しています。それは、いま投資すべき対象がはっきりしていないということと、2番底、3番底を狙っているからでしょう。しかし、中長期的には現金で資産を保有すべきでないことは、何度も強調しています。

　それでは、インフレに強い資産とは何でしょうか？

　一般的には、金（ゴールド）と不動産と言われていましたが、もしかしたらビットコインもその対象として考えたほうがよいかもしれません。以下に、それぞれについて、もう少し詳しく見ていきましょう。

4−1　金（ゴールド）

◉金（ゴールド）がインフレに強い理由

　2章でも説明しましたが、金（ゴールド）はインフレに強い資産の代表格です。世の中が不安定になるときに上昇しますが、好景気が続きインフレが起こるタイミングでも上昇します。

　ところで、3月の株価大暴落の際には金（ゴールド）も同時に大暴落していましたが、その後上昇に転じ、7月には史上最高値を更新しました。

　金（ゴールド）がインフレに強い理由は、ドルやユーロ、円などの法定通貨を中央銀行が発行し続けているために、市場に出回る通貨量は際限がなくなるのに対して、金（ゴールド）は金鉱山から発掘された分しか増えないからです。

　金本位制が取られていた頃は、市場全体における金（ゴールド）とドルの比率が不変だったので、レートは固定されていましたが、1971年にニクソン大統領が米ドルと金（ゴールド）の兌換を停止したニクソンショック以来、ドル

は金の採掘量より多くの比率で発行され続けたため、下図のように金（ゴールド）の価格は上昇し続けています。

図3-2　金（ゴールド）＝XAU／USDのスポット価格相場

出典：Investing.com

　なお、2011年と2012年に上昇していますが、ここでFRB（連邦準備制度理事会：米国の中央銀行）が量的緩和（QE2とQE3）を実施して大量のドルを発行しています。

　このように金（ゴールド）は上記のようにインフレや有事の際に強い資産として有名ですが、バフェットは金（ゴールド）が大嫌いで有名です。金（ゴールド）には利息も付かなければ、レバレッジも効かないからだそうです。しかし、2020年2Qには、ついにバフェットは金の採掘会社であるBARRICKの株を500億円以上購入しています。

　レイ・ダリオも、金（ゴールド）には一定の評価をしていましたが、前述の全天候型ポートフォリオでは、全保有資産に占める割合は、全保有資産の7.5%とされていました（図2-3：60ページ）。

　しかし、ここにきて、注目すべきことが起こっています。2020年8月に発表されたレイ・ダリオが率いるブリッジウォーター・アソシエイツの保有資産を見ると、金（ゴールド）のETFの保有量が全保有資産の20%に増えていまし

た（図2−5：61ページ）。これは、明らかに彼はインフレが起こることに確
信を持っているからです。

4−2　不動産投資

◉レバレッジ投資とそれを加速する減価償却

　インフレに強い投資という点では、不動産投資も同じです。物価が上がると
物件価格も家賃も上昇します。不動産による賃貸収入を得られるようになって
いれば、インフレになってもあまり怖くはありません。物価の上昇に伴って家
賃を上げていけばよいからです。これは、本来の資産価値を大きく下回る投資
対象として、中古不動産投資と同時に紹介したREITやJ-REITも同じです。

　前述したとおり、実際の不動産投資のリスクは、資金の流動性の悪さです。
一方で、ローンを借りることでレバレッジを掛けることができることがメリッ
トとも言いました。

　残念ながら銀行は不動産投資の初心者にはなかなかお金を貸してくれません。
特に中古住宅はなおさらです。しかし、最初の物件で収益を出していることを
見せることができれば、貸してくれるようになり、物件が増えるほど有利な条
件（金利や必要な頭金の割合、返済期限など）で借りられるようになります。

　不動産投資でもう一つ特徴的なのは、減価償却です。例えば資産を購入した
とします。その資産はモノである限り時間とともに価値を失っていきます。例
えば住宅は経年劣化するために市場価値を考慮しなければ資産価値は徐々に
減っていきます。この毎年減っていく資産価値を会計上は経費として計上しな
くてはいけません。これが減価償却です。

　経費として計上するということは、家賃収入から管理費や修繕費に加えてこ
の減価償却費も引いた金額が利益になり、この利益に対して税金がかかります。
つまり、減価償却費が大きければ大きいほど、不動産の運用益に対する税金が
安くなり、手元に現金が残りやすくなります。

　この現金は、次の物件購入の頭金を作るために回されます。つまり減価償却
が早く計上できるほど、早く頭金が貯まり、次の物件を買うまでの時間が短縮
されます。

このように、ローンを使ったレバレッジ投資とそれを加速する減価償却の組み合わせが、不動産投資を最強の投資にしています。

　ただし、今回の不況については、多少のリスクはあります。コロナによって一気に在宅勤務が進んだ結果、企業はそれまでのように一等地に広いオフィスを構える必要がなくなりました。

　必ずしも全員が出社するわけではないので、広いオフィスは不要になりました。さらには、めったに通勤しなくてよいのであれば、都心の便利な場所にある必要はなくなります。おそらく、オフィス物件の家賃は下がっていくのではないでしょうか？

　そして同様に、住居のニーズも大きく変わろうとしています。週に5日通勤する必要があったこれまでは、通勤時間を減らすためになるべく都心に近く交通の便が良いところに住む傾向がありました。

　それがコロナによって、基本はリモートによる仕事に切り替えて、週に1〜2日程度の出勤でよいとする企業が増えてきています。週に1〜2日程度だけ会社に通えばよいだけであれば、狭くて家賃が高い都心のマンションや戸建てに住む必要はありません。

　通勤に2〜4時間かかろうが、都心に住む必要がなくなります。これからは、郊外や地方に週に5日住んで、残り2日だけ都心で過ごすなどの暮らし方が増えるかもしれません。

　もし、そうだとすると、都心の住宅のニーズが減り、郊外の住宅のニーズが上がる可能性があります。ニーズが減れば空き物件も増えます。家賃が下がり収益性が悪化したり、手放して郊外の物件を購入したりしようとしても、購入時よりも物件価格が下がってしまい売るに売れないという状況になる可能性もないとは言えなくなります。

4-3　ビットコイン（デジタル・ゴールド）

◉半減期とは

　ひと頃の仮想通貨（暗号通貨）ブーム、ICOブームは過ぎ去り、バブルがはじけた後には、ビットコインを除いて、ほとんどが紙屑にすらなることもなく

消えてしまいました。

　ICOで約束されていたブロックチェーンを利用した下剋上の世界、国境のない世界は、既得権益者たちに容赦なくたたき潰されました。はたして、仮想通貨の復活はないのでしょうか？

　仮想通貨については、FIAT（仮想通貨の世界では、国が定めた法定通貨のことを指します）に連動した通貨と、国家による暗号通貨は、今後の可能性を持っていると思います。しかし、ビットコイン（BTC）は、それ以上に大きな可能性を持っているかもしれません。なぜなら、インフラ対策の有力な候補となり得るからです。

　2020年5月12日、ビットコインは3度目の半減期を迎えました。ビットコインは、2017年12月に最高値1万9290ドルを付けたのをピークに落ち続け、その1年後には3000ドル近くまで下落しました。その後持ち直しましたが、2020年3月の株式市場暴落に合わせて5000ドル付近まで暴落。しかし、半減期を迎えて上がり続け、2018年の最高値2万ドルを超え、2020年末にはほぼ3万ドルに達し、さらに上昇する勢いです。

　ビットコインの半減期とは、ビットコインの元々の仕様で、ビットコインの発行量に応じて、新たにマイニングされるビットコインが半減していくことを言います。最初の半減期は2012年11月に起こり、マイニング報酬が1ブロックあたり50BTCから25BTCに減りました。2回目の半減期は2016年7月で、1ブロックあたり12.5BTCになり、3回目の今回は1ブロックあたり6.25BTCに減りました。つまり、市場全体にあるビットコインが増える速度が徐々に減っていくのです。

　それに対して、ドルや円、ユーロは、中央銀行がお金を発行し続けているため、市場全体にある法定通貨の量は急増しています。どちらの希少価値が上がるかというと、通貨発行量が少ないビットコインのほうです。これは前述の金（ゴールド）も同じで、世の中の金の量はあまり増えないため、金（ゴールド）はインフレに強い（つまり値上りする）のです。

　もちろん、金（ゴールド）も常に金鉱山から発掘（マイニング）され続けているため、少しずつ（近年は1.5％くらいずつ）増えてはいます。しかし、各国の中央銀行が毎年発行する通貨量のほうがはるかに多いため、金（ゴールド）

の価格は1971年に米国が金本位制を放棄して以来、長期的に上昇しています。

　半減期で発行量が抑えられているBTCに対して、コロナによる経済危機を少しでも下支えするために、ドルが大量に発行されていることから、すでに見られる上昇傾向が今後も続いていくと考えられます。

図3-3　BTC/USD

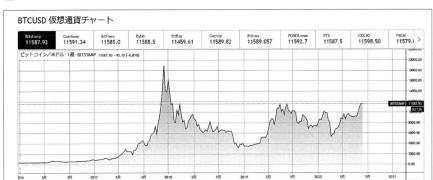

出典：Trading View（BITSTAMP取引所のチャート）

4-4　マイニング投資

●ビットコインのマイニングの原理

　金（ゴールド）にしてもビットコインにしても、購入して保有しておいて、値上りを待つというのが一般的です。しかし、どちらも掘ることで手に入れることもできます。

　残念ながら、金鉱山を見つけて（あるいはすでにある鉱山の権利を得て）掘るのはなかなか困難です。かといって、砂金を取るというのも労力に見合わないでしょう。最近では都市金山というのもあるので、不要な携帯やパソコンを回収して金などの貴金属を抽出する事業を始めるという手もなくはないでしょう。

　一方で、ビットコイン（BTC）のマイニングはもっと気楽です。ビットコ

インのマイニングの原理について簡単に説明しましょう。

　まず、ビットコインの取引は全てブロックチェーン上に書き込まれていきます。この個々の取引データを「トランザクション」と呼び、それぞれのトランザクションをまとめてひとつの「ブロック」が作られます。そして、ブロックには「いつ」「誰（どのアドレス）が」「どのくらいの量のBTCを」取引したのか、という情報が書き込まれていきます。

　このような一連の処理は、全てビットコインが自動的に行います。そして、これらの取引を第三者がチェックして承認することで、ビットコインの取引の正当性・安全性を確保しています。この「取引を承認する作業」のことをマイニングと呼んでいます。

　原理としてはパソコンを購入し、ビットコインのネットワークに接続して、取引の承認作業を行うプログラムを走らせます。そして、最初に承認処理を終えた人に、報酬としてビットコインが与えられます。これが前述したマイニング報酬です。そして、ポイントは最初に承認処理を終えた人だけが報酬を得られるという点です。

　ビットコインは、世界中で日々かなりのトランザクションが発生しています。そしてトランザクションが発生するたびにチェーンは長くなり、取引の承認作業も複雑になり時間もかかるようになります。

　そこで、CPU速度が速いサーバーが有利になります。また、コンピュータを並列に並べて計算処理することも可能なため、世界中で計算の速さを競っています。

　このマイニング報酬獲得を目指してマイニング作業に参加する人を「マイナー」と呼びます。マイナーには誰でもなれます。しかしながら、最初は、一般人がパソコンを購入してこの競争に参入していたのですが、プロ業者が現れて、いくつものサーバーを立ち上げて並列処理をさせるようになったため、最近ではこのようなプロのマイナーにはとてもかないません。

　また、マイニングには膨大なコストが掛かります。コンピュータのコストだけでなく、大きいのは電気代です。大量のコンピュータ自体を動かすための電力と、冷房にかかる電力が馬鹿にならない量になると言われています。大量のコンピュータが動き続けると、かなりの熱が出ます。コンピュータは熱に弱く、

高温になり過ぎると壊れてしまいます。そこで、コンピュータルームは強力な冷房設備を整える必要があります。

　ところで電気代は国によって違います。発電コストが低い国の電気代は安いのです。また、そもそもコンピュータ室が寒い場所にあれば冷房代が節約できます。したがって、マイニング業者は、サーバーをアイスランドとか中国の奥地のしかも地下などの気温が低いところで動かすようになっています。

　このように、現在はプロのマイニング業者（マイナー）でないとマイニングでビットコイン（BTC）を稼ぐことができなくなっています。それでは、我々にチャンスがないのかというと、そんなことはありません。マイニングプールというものがあるからです。

●マイニングプールに参加することで、マイニング報酬が得られる

　マイニングプールとは、複数のマイナーで協力をしてマイニングを行うしくみです。マイニングは規模が大きいマイナーが勝つ競争のため、個人はもちろん、プロのマイナー同士もタッグを組んで、チーム戦でマイニングを行うようになっています。そして、マイニング作業に貢献した割合に応じて、マイニング報酬が分配されます。

　したがって、いまマイニングを行うのであれば、マイニングプールに参加することになるでしょう。マイニングプールに参加するためには、ほとんどの場合、マイニングプールの運営者からサーバーを購入して、彼らのアイスランドや中国にあるデータセンターに預けることになります。

5 ▷ この先、成長が期待されているにもかかわらず、割安なもの

●資金集めが大変な時こそ投資家にとってはチャンス

　投資の本来の役割は、未来への投資です。将来世の中に価値を提供するものを作り上げるために必要なお金をいま使う、というのが投資の本質です。つまり10％上がった、2倍になったとかいう話ではなく、本来は1から10、1から100を生み出すというものが投資の理想像です。

　おもしろいことに、好況の時ほど、こういった投資を必要とする企画が立ち

上がり、お金集めの話を聞きますが、不況の時にはあまり聞かなくなります。皆、財布の口が堅くなるために、投資案件を聞いて投資しようという人が減ってしまうからなのでしょう。しかし、このように資金集めが大変な時こそ投資家にとってはチャンスだと言えます。

お金を集める側は、自らの利益を圧縮してでも、魅力的なリターンを投資家に提案しなくてはなりません。投資家にとっては、より有利な条件で投資ができます。

不動産についても同様です。さまざまな理由で現金化を急ぐ売り手は、販売価格を安くしてでも売りたがります。利益を得るよりも、当面のキャッシュフローを回すことが重要な売り手がたくさん現れるのが不況の時期です。

一方で、好況の時は、投資したい人がたくさん出てくるので、「急がないと他の投資家に売れてしまう」という切迫感から、投資家に多少不利な条件であったとしても投資してしまう傾向にあります。

いまのお金持ちたちの多くは、いまのような不況時に投資をして、好況の時に大きな利益を出してきたのです。

この項では、不況でなくても魅力的であるものの、不況によってさらに魅力が出てきた、この先の成長が期待されている分野への投資について紹介していきます。

5－1　シリコンバレースタートアップ投資

◉第二次産業革命以上の変化が起こる

いま、世の中は大きく変わっています。この先10〜20年の間に、第二次産業革命以上のインパクトのある変化が起こるとも言われています。

第一次産業革命は蒸気機関の発明によって、鉄道や蒸気船による移動や、重たいものを動かすことができるようになったことで、重工業が盛んになりました。第二次産業革命では、電気、電話、自動車が発明されました。

ここで、目をつぶって、ある朝、目が覚めたら突然電気がなくなっていたら、どうなるか想像してみてください。

スマホは、電源が入りません。

家の中の時計も止まっています。

エアコンも止まり、テレビもつきません。

音楽を聴こうとしても、誰かが歌うか楽器で演奏するしかありません。

ガスレンジは、チャッカマンがあれば、かろうじて使えそうですが、冷蔵庫は何も冷やしてくれません。

水道もポンプが作動しないために、水が出なくなるため、お湯を沸かすこともできません。

交通機関も動かないため、自転車で移動するしかありません。

夜は街灯もつかず、ロウソクの灯りで過ごすしかありません。

停電が起こったときにも同じことが起こりますが、これがずっと続くと思うと、気が滅入りませんか？　電気が発明される前と後では、これほどの違いがあることを実感したでしょうか？

そして、これからの10～20年では、これ以上の変化が訪れると言われています。まだまだ先と思うかもしれませんが、東日本大震災が起こってからもう10年経過しようとしています。ソフトバンクがADSLサービスを開始して以来、日本国内で急速にインターネットが普及しましたが、あれが20年前です。

ちなみにパソコンやインターネット、スマホ等が世の中に与えた経済インパクトは、電気の半分以下だったようです。しかし、それらがない生活すら、いまや不便すぎて戻りたいと思わないでしょう。

では、これからの世の中がどうなるかというと、

・自動運転車やヒトを載せる自動運転ドローンの出現で、移動が快適になる。

・ARメガネの普及で、仕事やヒトと会うために移動する必要がなくなる。

・家の中や身につけているモノについているセンサーが、24時間365日身体の情報をクラウドに上げてAIが診断してくれるため、癌などの重い病気はステージゼロで発見できるようになり、病気による死が激減する。

・AR教育が当たり前になり、教育格差がなくなり、通学すら不要になる。

・宅配は自動運転ロボットが行ってくれるため、配送料が格安になり、リアル

の小売店は激減する。

などです。

　信じられませんか？　信じられないとしたら、コロナによって世の中がすでにどう変わったか考えてみてください。

・皆、ほとんどの時間を家で過ごすようになった。
・社会的孤独が増えていて、繋がりを渇望している。
・健康に気を使うようになった。
・こどもの教育をどこでどうやって受けさせるかについて気に掛けるようになった。
・運動や瞑想、勉強に費やす時間が増えた。
・全てのことをオンラインで学べるようになった。
・より多くの時間を家族・こどもと過ごすようになった。
・新しい趣味やゲーム、娯楽を楽しみ始めた。

◉ **上場前のシリコンバレースタートアップに投資する方法**
　さて、これまで挙げたことが、投資にどう関係あるかというと、人々の生活が大きく変化していくということは、新たな課題が生まれ、それを解決するサービスが求められるということです。
　そういった新しいサービスを創り出す企業に、早いうちから投資しておけば、10倍、100倍になって返ってきます。
　一方で、人々の生活の変化によって不要となる商品やサービスも出てくるでしょう。そういった企業の株を保有し続けていると、コダックやブロックバスタービデオのように紙屑になる可能性があります。
　それでは、新しい世の中にフィットしたサービスを創り出す会社に投資するにはどうしたらよいでしょうか？　これらの企業はまだ上場していないため、普通の人では投資することはできません。しかし、最近では株式投資型のクラウドファンディングサービスが日本でも認可され始めました。こういった企業の中から、将来ユニコーンが生まれてくるかもしれません。

ところで、このような新しい世の中にフィットしたサービスを創り出す会社が、多く生まれてくるのは、シリコンバレーです。エアビーアンドビー、ウーバー、インスタグラム、ネットフリックス、セールスフォースなど、誰でも知っている会社も、初めは小さなスタートアップ企業でした。

　こうした企業は、上場前に時価総額が1000億円とか1兆円になって、ユニコーンとかデカコーンと呼ばれ、スタートアップの目指すべき象徴になっています。こういった企業に上場前に投資できていれば、資産は100倍以上になっていたに違いありません。

　米国の上場前のシリコンバレースタートアップに投資する方法は、ないわけではありません。AngelListというプラットフォームを使えば、そういった将来性のあるスタートアップへの出資を、低ければ1000ドル（11万円）からの単位で募集しています。

　どのようなスタートアップがあるかというと、下記のような会社があります。

・南米における宅配会社として急成長中の企業のシリーズAラウンド
・地球温暖化を加速させる牛を使わずにヴィーガンチーズを作るシードラウンド
・産業用3Dプリンターを開発するカナダメーカーのシリーズAラウンド
・宇宙で燃料給油ステーションを開発・運用するメーカーのシードラウンド
・電気自動車が充電のためにグリッドに接続するピークを分散させるソフトの開発会社のプレ・シードラウンド
・途上国での再生可能エネルギープロジェクトと投資家をマッチングするサイトのシードラウンド
・米国のコミュニティーソーラー企業のシードラウンド

　これらの多くは、実際に私が出資しているものです。私がAngelListで投資している企業は、単に儲かるだけでなく、社会的課題を解決するテクノロジーを開発しているか、そういったテクノロジーを活用してサービスを開発しようとしているSDGs実践企業ばかりです。

　なお、SDGsは「持続可能な開発目標」の略で、17のグローバル目標と169

のターゲットから成る国連の持続可能な開発目標で、2015年9月の国連総会で採択された文書の中で示された2030年に向けた具体的行動指針のことです。

図3−4　SDGs（持続可能な開発目標）

1. 貧困をなくそう
あらゆる場所で、あらゆる形態の貧困に終止符を打つ

4. 質の高い教育をみんなに
すべての人に包摂的(※)かつ公平で質の高い教育を提供し、生涯学習の機会を促進する

2. 飢餓をゼロに
飢餓に終止符を打ち、食料の安定確保と栄養状態の改善を達成するとともに、持続可能な農業を推進する

5. ジェンダー平等を実現しよう
ジェンダーの平等を達成し、すべての女性と女児のエンパワーメントを図る

3. すべての人に健康と福祉を
あらゆる年齢のすべての人の健康的な生活を確保し、福祉を推進する

6. 安全な水とトイレを世界中に
すべての人に水と衛生へのアクセスと持続可能な管理を確保する

7. エネルギーをみんなにそしてクリーンに
すべての人々に手ごろで信頼でき、持続可能かつ近代的なエネルギーへのアクセスを確保する

10. 人や国の不平等をなくそう
国内および国家間の格差を是正する

8. 働きがいも経済成長も
すべての人のための持続的、包摂的かつ持続可能な経済成長、生産的な完全雇用およびディーセント・ワーク（働きがいのある人間らしい仕事）を推進する

11. 住み続けられるまちづくりを
都市と人間の居住地を包摂的、安全、強靭かつ持続可能にする

9. 産業と技術革新の基盤をつくろう
強靭なインフラを整備し、包摂的で持続可能な産業化を推進するとともに、技術革新の拡大を図る

12. つくる責任 つかう責任
持続可能な消費と生産のパターンを確保する

13. 気候変動に具体的な対策を
気候変動とその影響に立ち向かうため、緊急対策を取る

16. 平和と公正をすべての人に
持続可能な開発に向けて平和で包摂的な社会を推進し、すべての人に司法へのアクセスを提供するとともに、あらゆるレベルにおいて効果的で責任ある包摂的な制度を構築する

14. 海の豊かさを守ろう
海洋と海洋資源を持続可能な開発に向けて保全し、持続可能な形で利用する

17. パートナーシップで目標を達成しよう
持続可能な開発に向けて実施手段を強化し、グローバル・パートナーシップを活性化する

15. 陸の豊かさも守ろう
陸上生態系の保護、回復および持続可能な利用の推進、森林の持続可能な管理、砂漠化への対処、土地劣化の阻止および逆転、ならびに生物多様性損失の阻止を図る

また、シードラウンドとかシリーズＡラウンドというのは、スタートアップ企業の資金調達の段階のことで、段階によって、その事業がどのような段階にあるかが分かるようにもなっています。

　ラウンドは、ボクシングの第一ラウンド、第二ラウンドと同じような意味合いです。スタートアップは、仮説を立て、ある程度検証をした後、投資家を説得できるレベルにあると判断したら、シードマネー（日本語に直訳すると種銭）を集める資金調達ラウンドを実施します。シードマネーが得られたら、それを使ってコンセプトを実証し、MVP（価値を体現できる最小限の商品・サービス）を完成させて販売します。

　そこでイノベータ層に受け入れられたら、次はシリーズＡラウンドです。通常はこのラウンドからベンチャーキャピタルが入り始めます。シリーズＡで得た資金は、顧客から得たフィードバックを基に商品・サービスを改善し、マーケティングプロセスを見直すなどして、アーリーアダプター層に受け入れられる努力に使われます。それがうまくいけば、次はシリーズＢラウンドでさらなる資金調達を行います。

　投資家は、この資金調達ラウンドの早い段階から出資するほど、上場後に得られる利益は大きくなりますが、スタートアップが成果を出せずに倒産して投資資金が戻ってこないリスクも高くなります。

　通常、シードラウンドは一か八かの博打に近く、プロであっても、それがうまくいくかどうかを見抜く方法は、創業者とマネジメントチームの人柄と情熱で判断するしかないと言っています。

　したがって、スタートアップ企業にとって、このシードラウンドの段階で出資をしてくれる投資家は天使のように見えるからか、エンジェル投資家と呼ばれます。

　前述した、日本の株式投資型クラウドファンディングも、このシードラウンドあるいはその前の段階に資金を投じることを意味します。ちなみに、シードラウンドの前の資金は、シードラウンドの準備中はプレ・シードと言いますが、さらに前となると、ブートストラップ（自己資金）または、FFF（ファミリー、フレンド、フール……つまり家族・親戚、友人、どこかの馬鹿）と言われています。つまり、クラウドファンディングに出資する人は、エンジェルか、どこ

かの馬鹿か、のどちらかに当たることになります

　なお、スタートアップのうち、成功する企業は10社のうち1社、大きく跳ねて上場できるのは20社のうち1社と言われています。つまり、資金を失う可能性は90％以上あるかなり確率の悪い博打となります（その代わり、当たるとデカい（かもしれない））。

　このスタートアップ投資で確実に成功するには、そのスタートアップが目指している価値と、その現実味についてしっかりと吟味した上で、さらにポートフォリオをしっかり組むことです。

5-2　テクノロジー株

◉上場企業に投資するという選択肢もある

　シリコンバレースタートアップ株は、未上場の中でも、まだシリーズAより前の状態の企業への投資でした。しかし、上場企業の株に投資をするという選択肢も悪くはありません。なぜなら、フェイスブックがインスタグラムを購入（バイアウト）したように、上場企業が優秀なスタートアップを買収するケースも少なくないからです。

　その場合、とんでもない高値で購入するケースも少なくなく、購入側の株主としては高い買い物をしてしまったかもしれないという心配にもなりますが、たいていの場合、上場企業がすでに抱えている顧客に一気に利用してもらえるという点で、さらに巨額の利益を生み出せる可能性が高いのです。

　そうであれば、その上場企業の株は上昇していきます。

　GAFAなど、個別株に投資するのでもよいですが、ETFに投資することで、成長機会とリスクを平準化させることができます。実際、S&P500が暴落前の価格に戻った8月時点で、コロナの影響で暴落する前の株価を大きく超えているETFも少なくありません。

　例えば、インベスコ　グローバルクリーンエネルギー ETFの場合、コロナ暴落直前の最高値は16.95ドルでしたが、8月18日の終値は20.02ドルで、18％以上上昇しています（次ページ図3-5）。

　これは、グローバルでの気候変動に対するアクションによって、世界中から

石炭火力発電所がなくなり、欧州を中心にガソリン車の生産からEVの生産にシフトしているのと同じ動きで、これからますます伸びる領域です。上位構成銘柄には、テスラも入っています。

図3-5　インベスコ グローバルクリーンエネルギー ETF（PBD）

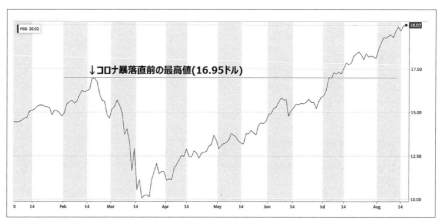

引用：Yahoo! Finance

　次は、ロボティックスとAI関連企業を集めたETFで、すでにコロナ暴落直前の最高値から23％も上昇しています。上位構成銘柄には画像処理チップで有名なNVIDIAの他、日本のキーエンスとファナックも入っています（次ページ図3-6）。

　続いて、NASDAQ市場に上場しているバイオテクノロジー企業のETFで、一時はコロナ暴落直前の最高値から18％も上昇した145.8ドルまで上がりました。8月18日時点では、そこから少し下げています（次ページ図3-7）。

図３－６　グローバルX ロボティックス&AI ETF（BOTZ）

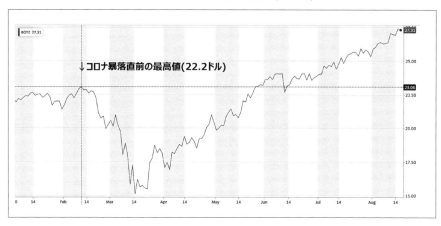

引用：Yahoo! Finance

図３－７　iシェアーズ ナスダック バイオテクノロジー ETF（IBB）

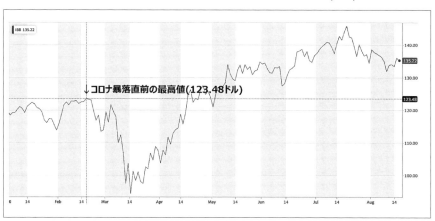

引用：Yahoo! Finance

最後は、クラウドコンピューティング関連企業を集めたETFで、コロナ暴落直前の最高値からなんと35%も上昇しています。上位構成銘柄には、Twilio、Zoom、Shopify等が入っています（図3－8）。

図3－8　グローバルX クラウドコンピューティング ETF（CLOU）

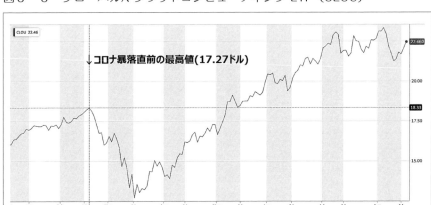

引用：Yahoo! Finance

　ところで、暴落直前の値から、これだけ上昇してしまうと、手遅れどころか、割高なのではないかと心配するかもしれません。もちろん、これが他の産業であれば、その心配はすべきです。

　しかしこれらの分野は、この先10〜20年の間に、第二次産業革命以上のインパクトのある変化を起こす企業またはそういったスタートアップを購入する企業を集めた株価指数です。したがって、これから先も伸び続ける可能性が高いと考えたほうがよさそうです。

　そして、株価指数の良いところは、競争に勝ち残れない企業を外して、新たに急成長している企業を入れていくため、個別株よりも安全と言えるかもしれません。

5-3 新興国株

◉無視するには非常に惜しい存在

　今回のコロナによる経済的な打撃は、先進国より新興国のほうが大きそうです。特に世界最長のロックダウン(8月時点では、3月から8月までの半年間ロックダウンを続けています)を実施しているフィリピンでは、ほとんど全ての産業が壊滅状態だと聞いています。フィリピンの消費経済は、海外出稼ぎ労働者がフィリピン国内にいる家族に送金するお金で回っていると言われていました。

　ショッピングモールに行けば、平日でも家族連れが大勢来店していましたし、彼らの賃金では決して買えないようなものをカートに山積みにしている家族はもちろん、平均客単価が1000円以上になるようなレストランで家族6人が食事をするという光景が普通に見られました。

　しかし、半年間のロックダウン期間中は、20歳未満と60歳以上は外出が一切認められていないとのことで、家族全員で外食ができないため、ショッピングモールのレストランはほとんど来店客がいないそうです。そして、海外各国で働いていた出稼ぎ労働者の多くは海外で失業状態にあり、仕送りを送るどころではなくなっています。

　このように、商店や飲食店は営業できない状態か、営業しても客が入らない状態が半年も続いているにもかかわらず、国からの支援は一切ないそうです。こういった消費者向けビジネスにモノを卸している業者や、メーカーも無収入ですし、家賃も滞っていることでしょう。

　こういった状況を見ると、おそらくコロナが落ち着いたとしても、フィリピンの経済が復旧するまでに、10年以上かかるのではないでしょうか?

　そして他の新興国も、そこまではひどくないようですが、それでも経済の回復まで、10年近い年月が必要と言われています。多くの国では先進国のように中央銀行が紙幣を刷って国民にばらまくことができないようです。

　そうなってくると、新興国市場はかなり割安になってくる可能性が高いです。ただし、タイミングを誤ると紙屑になる可能性も少なくないので、最新の注意が必要ではあります。また、新興国市場は、財閥系やほぼ国営に近い企業が多

いため、株価が実態を反映せず、あまり株価が下がらない可能性もあります。

　とはいえ、新興国市場を無視するのは非常に惜しい存在です。なぜなら、伸びしろが非常に大きいからです。世界の人口の半分以上が、スマホを持ち、豊かな生活を求めてがんばっています。若者の数も多く、社会に活気があります。実体経済がひどいダメージを受けているということは、何らかのチャンスがあるに違いないのです。

5-4　海外不動産投資

◉建設ラッシュが始まる

　コロナが落ち着いてきたら、世界中で不動産投資のチャンスが訪れる可能性が高くなります。コロナが落ち着いてきたとき、おそらく不況が一時的なものでないことに皆が気づくと思います。一度止まった経済の歯車を再び高速回転に戻すには、非常に時間がかかるはずです。消費者はお金がないために、企業はなかなか利益が出せません。商業不動産もオフィス不動産も賃料は値下がりする可能性があります。

　企業が利益を出せなければ、職は増えず、失業状態が続く人が溢れ返るでしょう。仮に仕事をもらえたとしても賃金は低水準に保たれます。すると住宅物件も家賃が支払われずに追い出される人が増え、新たな店子を見つけることは難しい時期が続くかもしれません。

　その反面、不動産のデベロッパーは、政府の借金を元手に公共事業で建設ラッシュが始まるため、最初に業績が良くなる可能性があります。次に、その建設現場で働く労働者、建設現場の近くにできる飲食店、簡易宿舎などが活況になるでしょう。

　建設ラッシュで整備されるのは、高速道路や空港、水道や下水道などのインフラでしょう。不動産価格は低水準の状態が続くものの、水面下でこうしたインフラが整備されることにより、潜在的な価値が急増する場所が出てきます。こうした潜在的に価値が高くなった場所にある不動産物件を、まだ価格が底辺を彷徨っている間に購入するのです。

　いずれ経済は元に戻り、再び高回転を始め、20世紀に豊かさを享受した先

進国の人口の7〜8倍の人口が同じような豊かな水準になるまで、急成長していきます。

そして、経済が戻るにつれて物件価格も家賃も必ず上がっていき、元の価格を追い越し、2倍にも10倍にもなるかもしれません。

不動産価格が低迷している時期には、現地の人たちのほとんどは、生活に夢中で不動産を購入する資金がありません。この時期に、日本から資金を持っていけば、かなりの安値で購入できるでしょう。もし、日本の低金利で資金を調達して海外不動産に投資ができるようであれば、ぜひやるべきでしょう。

このようなことは、日本でも米国でも、過去に何度も起こりました。そして、今回は世界中で起こります。これから成長し続ける国や地域の物件に投資をすれば、今後20年は安泰かもしれません。

5−5　新興国リゾート地のビジネス

◉外国人旅行者が訪れる場所から経済は復興していく

不動産投資といっても、全てが購入するばかりではありません。土地を長期で借りて、その上に建物を建てて運営するということも可能でしょう。あるいは建物も借りて、宿泊施設を運営したり、レストランや小売店、ショッピングセンターを運営したりすることも可能です。

このコロナによって経済がロックダウンしたことによって、全てがリセットされたと考えてもよいと思います。前述したように、多くの飲食店や小売店が店仕舞いをして、そのしばらく後に新たな店がオープンするでしょう。店のオープンが市場の立ち直りのタイミングより早すぎると、軌道に乗る前にまた閉まることになります。

前述した公共工事の建設現場の他には、おそらく観光地やリゾート地のような、外国人旅行者がたくさん訪れてお金を落とす場所から経済は復興していくでしょう。

そうしたところでこれまで商売をしてきたビジネスオーナーたちの中には、今回のロックダウンとその後の回復の遅さで、再起不能になって店を開けられない人もたくさんいるはずです。そういった人たちに代わって、より安い条件

で好立地の物件を借りてオープンするチャンスがあるはずです。

市場に勢いがあった頃にはあり得ないような好条件で、ビジネスが始められる環境が整うその瞬間を見極めて、投資をするために、いまから準備をしていくとよいと思います。

人口が減少し続ける日本での収入だけに頼るのは危険です。これから成長していく海外に収入源を持つことができれば、これから数十年は安定して豊かに暮らしていけるでしょう。今回のコロナ禍は、その最後の大チャンスを生み出してくれたといっても過言ではなさそうです。

第4章

▼

不況に関係なく
続けるべき積立投資

あなたは、いま積立投資をしていますか？

積み立てNISAでも、iDeCoでも、純金積み立てでも構いません。少し勘の良いあなたなら、もしかしたら海外の積立保険をやっているかもしれません。

もし、あなたがまだ積立投資をしていないのであれば、すぐにでも始めるべきです。積立投資は、投資の基本です。そして、もし誰がやっても、絶対に損をしない投資があるとしたら、それは積立投資だからです。

1 ▷ なぜ積立投資をすべきなのか？

◉最大のメリットは、ドルコスト平均法

積立投資は、良いところばかりです。この投資方法は、知らないうちにあなたの資産を増やしてくれます。そして、投資する対象さえ適切に選んで長期的に続けていく限り、損をすることはありません。株価が暴騰しても、暴落しても、不安になる必要はありません。最初に適切な投資対象を選んでおけば、ほったらかしにしておけます。

積立投資は、定期的に同じ金額を投資していくことを言います。自分で決めて毎月金（ゴールド）や株を購入するやり方でもよいですが、自動的に銀行口座から一定額を引き落としてもらい、それを証券口座に送金し、毎月指定している銘柄の証券を購入するように設定しておくことをお勧めします。

人は誘惑に負けやすいため、自動でないと、毎月金額が変わったり、購入する銘柄を変えたりしてしまうからです。これでは、積立投資の最大のメリットを失ってしまいます。

積立投資の最大のメリットとは、ドルコスト平均法です。ドルコスト平均法は、"法"と書いてあるので何かの決まり事か、何かをする方法だと理解しがちですが、どちらかというと「原理」に近い意味です。

どのようなものかを例を使って説明しましょう。

次ページの図4－1は、①のタイミングから14回にわたって定期的に株を購入したことを示しています。毎月、同じ金額を原資にして株を購入するのですが、株価は変動しているため、株を購入できた価格（取得金額、図中の○印の部分）は、毎回異なります。

例えば、①では比較的高値で購入してしまっていますが、②や⑥では底値で購入することができています。ドルコスト平均法の利点のひとつは、株価が下がれば、低値で買うことができるということです。つまりバーゲンセールでお得に購入することができます。

　ただし、前述したように毎回購入原資は同額なので、株価が下がれば、購入する株数は増えます。また、株価が上がるにつれ、購入する株数は減っていきます。そして、端数は次の回の原資に繰り越されます。

図4－1：ドルコスト平均法

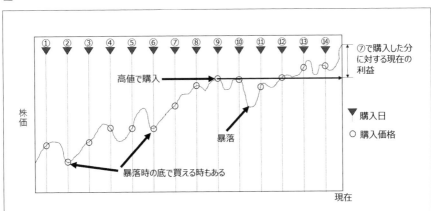

　ドルコスト平均法の2つ目の利点は、すでに保有している株の取得価格よりも株価が下がったとしても、放置しておけば再び上昇に転ずるので心配する必要がない、ということです。

　3つ目の利点は、その時点の最高値（⑨と⑩）で購入したとしても、将来にわたって株価は上下を繰り返しながらも徐々に上昇していくので、最終的には利益が出るということです。

◎ドルコスト平均法で損をする2つのケース
　上の例では、次の2つの仮定を置いていました。

1　株価は、上下の変動を繰り返しながらも、長期的には上昇していく
2　株を保有したままで、売却することはない

したがって、現実がこの仮定どおりでない場合には、損失を出す可能性があります。しかし、これは対策が取れるので、安心してください。

1の対策については、この後「積立投資で購入すべきは、何？」（127ページ）で詳しく解説します。

2の対策については、売りたいタイミングで、株式市場が暴落してしまった場合には、再び上昇して株価が回復するまで待つことです。

2 ▷ 金持ちが資産を増やす大原則

●金持ちが、気をつけていること

ところで、金持ちが投資で資産を増やすにあたり、非常に気をつけていることがあります。それは、手数料と税金です。これは、積立投資も同様です。

そのことを説明する前に、毎月2万円積み立てたときの40年後の残高が、株の上昇率によって、どのくらい変わるのかを比較してみましょう。

例えば、ある年の年始から毎月2万円の積立投資を始めたとします。そして、年平均で株価が5％上昇する場合と8％上昇する場合とで、残高を比較してみましょう。

なお、株価の上昇率ですが、通常株価は毎日上がったり下がったりするものです。しかし、それだと計算が複雑になるため、月に前月末残高の0.45％（年率5％）上昇する場合と、毎月0.71％（年率8％）上昇する場合とで計算してみました（108〜111ページ参照）。

すると、20年後には、年5％の場合には636万円、年8％の場合には755万円となります。

これが40年後には、年5％の場合には1725万円、年8％の場合には2524万円となります。

5％と8％では、20年後で119万円の差がつき、40年後には799万円もの差がつきます。

月々の積立金額を5万円にすると、それぞれの残高は2.5倍になるので、40年後には5%の場合には4314万円、8%の場合には6309万円と、およそ2000万円もの差がつくことになります。たった3%の差が、これだけの違いを生み出すことを覚えておいてください。

　さて、金持ちが非常に気をつけていることが手数料と税金だという話をしました。どういうことでしょうか?

　これはアンソニー・ロビンズ氏が著書の『Money』で書いていることですが、1985年から2015年までの30年間、米国版日経平均とも言えるS&P500は毎年平均10.28%上昇しています。なんと10%以上です。

　これはスゴイと思いませんか? 過去30年間は、米国の株を積み立てておけば、毎年10%以上資産が増え続けたというのです。

　毎年2万円の積立だと、毎年平均5%上昇の場合に40年かかる1725万円までに、わずか30年で到達し、40年後にはほぼ2倍の3233万円になります。そして、毎年5万円の積立だと40年後には8083万円になります。

　しかしながら、残念なことに、一般の投資家は同じ期間にわずか年平均3.66%しか上昇しなかったというのです。

　どうしてでしょうか?

　不公平だと思いませんか?

　そして6.62%はどこに消えてしまったのでしょうか?

　この差は、証券会社の手数料と税金です。証券会社の手数料は、証券会社によって異なります。税金については、日本の場合には上場証券に投資した場合の売買益に対して課税される税率は20%です。例えば10%の利益が出たら、そのうち2%は税金で消えるために、利益は8%に目減りします。

　つまり、投資をする際にもっとも大切なのは、手数料がなるべく低くなる業者で買い、税金がかからない方法で投資することだというのです。これは、S&P500に限ったことではありません。

　むしろ、後述しますがS&P500への投資は、比較的手数料は安いほうです。そして、どのような投資対象であっても、手数料と税金を下げる方法で積み立てをしない限り、前述の5%と8%の例のように3%(むしろ、それ以上)もの差が結果に生まれてしまいます。

図4−2：毎月2万円で株を購入。株価は年平均5％で上昇したときの残高の推移

積立金額：2万円　　年平均上昇率：5％　　月平均上昇率：0.45％

	1月	2月	3月	4月	5月	6月	7月	8月	9月	10月	11月	12月
初年度	2	4	6	8	10	12	14	16	18	20	22	24
2年目	26	28	30	33	35	37	39	41	43	45	47	49
3年目	51	53	56	58	60	62	64	66	68	71	73	75
4年目	77	79	81	84	86	88	90	92	95	97	99	101
5年目	103	106	108	110	112	115	117	119	121	124	126	128
6年目	131	133	135	138	140	142	144	147	149	151	154	156
7年目	158	161	163	166	168	170	173	175	177	180	182	185
8年目	187	190	192	194	197	199	202	204	207	209	212	214
9年目	217	219	222	224	227	229	232	234	237	239	242	244
10年目	247	249	252	254	257	260	262	265	267	270	273	275
11年目	278	280	283	286	288	291	294	296	299	302	304	307
12年目	310	312	315	318	321	323	326	329	331	334	337	340
13年目	342	345	348	351	354	356	359	362	365	368	370	373
14年目	376	379	382	385	388	390	393	396	399	402	405	408
15年目	411	414	417	419	422	425	428	431	434	437	440	443
16年目	446	449	452	455	458	461	464	467	470	473	477	480
17年目	483	486	489	492	495	498	501	504	508	511	514	517
18年目	520	523	527	530	533	536	539	543	546	549	552	555
19年目	559	562	565	569	572	575	578	582	585	588	592	595
20年目	598	602	605	608	612	615	618	622	625	629	632	636

	1月	2月	3月	4月	5月	6月	7月	8月	9月	10月	11月	12月
21年目	639	642	646	649	653	656	660	663	667	670	674	677
22年目	681	684	688	691	695	698	702	706	709	713	716	720
23年目	724	727	731	735	738	742	746	749	753	757	760	764
24年目	768	771	775	779	783	786	790	794	798	802	805	809
25年目	813	817	821	825	828	832	836	840	844	848	852	856
26年目	860	863	867	871	875	879	883	887	891	895	899	903
27年目	907	911	915	919	924	928	932	936	940	944	948	952
28年目	956	961	965	969	973	977	981	986	990	994	998	1,003
29年目	1,007	1,011	1,015	1,020	1,024	1,028	1,033	1,037	1,041	1,046	1,050	1,054
30年目	1,059	1,063	1,067	1,072	1,076	1,081	1,085	1,090	1,094	1,098	1,103	1,107
31年目	1,112	1,116	1,121	1,125	1,130	1,135	1,139	1,144	1,148	1,153	1,157	1,162
32年目	1,167	1,171	1,176	1,181	1,185	1,190	1,195	1,199	1,204	1,209	1,213	1,218
33年目	1,223	1,228	1,232	1,237	1,242	1,247	1,251	1,256	1,261	1,266	1,271	1,276
34年目	1,281	1,285	1,290	1,295	1,300	1,305	1,310	1,315	1,320	1,325	1,330	1,335
35年目	1,340	1,345	1,350	1,355	1,360	1,365	1,370	1,375	1,380	1,385	1,391	1,396
36年目	1,401	1,406	1,411	1,416	1,421	1,427	1,432	1,437	1,442	1,448	1,453	1,458
37年目	1,463	1,469	1,474	1,479	1,485	1,490	1,495	1,501	1,506	1,511	1,517	1,522
38年目	1,528	1,533	1,539	1,544	1,549	1,555	1,560	1,566	1,572	1,577	1,583	1,588
39年目	1,594	1,599	1,605	1,611	1,616	1,622	1,627	1,633	1,639	1,644	1,650	1,656
40年目	1,662	1,667	1,673	1,679	1,685	1,690	1,696	1,702	1,708	1,714	1,720	1,725

図4-3：毎月2万円で株を購入。株価は年平均8％で上昇したときの残高の推移

積立金額：2万円　　年平均上昇率：8％　　月平均上昇率：0.71％

	1月	2月	3月	4月	5月	6月	7月	8月	9月	10月	11月	12月
初年度	2	4	6	8	10	12	14	16	18	20	22	24
2年目	27	29	31	33	35	37	39	41	44	46	48	50
3年目	52	54	57	59	61	63	65	68	70	72	74	77
4年目	79	81	83	86	88	90	93	95	97	100	102	104
5年目	107	109	112	114	116	119	121	124	126	129	131	133
6年目	136	138	141	143	146	148	151	154	156	159	161	164
7年目	166	169	172	174	177	179	182	185	187	190	193	195
8年目	198	201	203	206	209	212	214	217	220	223	225	228
9年目	231	234	237	240	242	245	248	251	254	257	260	263
10年目	266	269	272	274	277	280	283	286	289	292	296	299
11年目	302	305	308	311	314	317	320	323	327	330	333	336
12年目	339	342	346	349	352	355	359	362	365	368	372	375
13年目	378	382	385	388	392	395	399	402	406	409	412	416
14年目	419	423	426	430	433	437	440	444	448	451	455	458
15年目	462	466	469	473	477	480	484	488	492	495	499	503
16年目	507	510	514	518	522	526	530	533	537	541	545	549
17年目	553	557	561	565	569	573	577	581	585	589	593	597
18年目	602	606	610	614	618	622	627	631	635	639	644	648
19年目	652	656	661	665	670	674	678	683	687	692	696	700
20年目	705	709	714	719	723	728	732	737	741	746	751	755

	1月	2月	3月	4月	5月	6月	7月	8月	9月	10月	11月	12月
21年目	760	765	769	774	779	784	789	793	798	803	808	813
22年目	818	822	827	832	837	842	847	852	857	862	867	872
23年目	878	883	888	893	898	903	909	914	919	924	930	935
24年目	940	945	951	956	962	967	972	978	983	989	994	1,000
25年目	1,005	1,011	1,017	1,022	1,028	1,033	1,039	1,045	1,051	1,056	1,062	1,068
26年目	1,074	1,079	1,085	1,091	1,097	1,103	1,109	1,115	1,121	1,127	1,133	1,139
27年目	1,145	1,151	1,157	1,163	1,169	1,175	1,181	1,188	1,194	1,200	1,206	1,213
28年目	1,219	1,225	1,232	1,238	1,244	1,251	1,257	1,264	1,270	1,277	1,283	1,290
29年目	1,296	1,303	1,310	1,316	1,323	1,330	1,336	1,343	1,350	1,357	1,363	1,370
30年目	1,377	1,384	1,391	1,398	1,405	1,412	1,419	1,426	1,433	1,440	1,447	1,454
31年目	1,461	1,469	1,476	1,483	1,490	1,498	1,505	1,512	1,520	1,527	1,534	1,542
32年目	1,549	1,557	1,564	1,572	1,580	1,587	1,595	1,602	1,610	1,618	1,626	1,633
33年目	1,641	1,649	1,657	1,665	1,673	1,681	1,689	1,697	1,705	1,713	1,721	1,729
34年目	1,737	1,745	1,753	1,762	1,770	1,778	1,786	1,795	1,803	1,812	1,820	1,828
35年目	1,837	1,845	1,854	1,863	1,871	1,880	1,888	1,897	1,906	1,915	1,923	1,932
36年目	1,941	1,950	1,959	1,968	1,977	1,986	1,995	2,004	2,013	2,022	2,031	2,041
37年目	2,050	2,059	2,069	2,078	2,087	2,097	2,106	2,116	2,125	2,135	2,144	2,154
38年目	2,163	2,173	2,183	2,193	2,202	2,212	2,222	2,232	2,242	2,252	2,262	2,272
39年目	2,282	2,292	2,302	2,312	2,323	2,333	2,343	2,353	2,364	2,374	2,385	2,395
40年目	2,406	2,416	2,427	2,437	2,448	2,459	2,469	2,480	2,491	2,502	2,513	2,524

3 ▷ 積立投資の種類

◉ 5種類の積立投資

　積立投資といっても、いろいろあります。しかし、前項の手数料と税金を考慮すると、手段は限られてきます。本書では、以下の5種類について紹介します。

図4-4：積立商品の種類

		リスク	税金	
1	iDeCo	・国の制度なので比較的安全？ ・証券会社によって異なる。	・運用額と積立額全額が所得控除。 ・複利の効果が得られる。 ・受取時も一定額が非課税。	
2	つみたて NISA	・同上	・運用額が非課税なため、複利の効果が得られる。	
3	証券会社の 積立サービス	・通常の株式投資リスクから、ドルコスト平均法でリスクが軽減される。	・税金は普通に毎年の評価益に対してかかるため、複利効果は弱くなる。 ・税金の金額は、証券の評価益x20%。	
4	海外積立保険	・途中解約すると元本割れする。 ・海外積立保険の場合は、保険会社のリスクに対して国の救済はない。	・保険なので、毎年の運用益は非課税のため、複利の効果が得られる。満期受取時も一部は非課税。	
5	純金積立	・リスクは低い。 ・業者破綻リスクはある。	・((売却単価－平均取得単価)X売却量－50万円)に課税される。長期保有だと税率が半分の10%に。 ・複利効果が享受できる。	

1 iDeCo

2 つみたてNISA

3 証券会社の積立サービス

4 海外積立保険

5 純金積立

　詳細は、後述しますが、ここでは、それぞれの特徴について比較しやすくなるようにまとめました。

手数料	注意点
・証券会社と選択する商品によるが、総じて低い。	◆年金代わりなので60歳までは引き出せない。 ◆年間の積立額に制約あり。 ◆投資対象は、投資信託、定期預金、保険商品だが、証券会社によって、品揃えが異なる。
・同上	◆非課税期間は最大20年間。 ◆一度売却したら、その分の非課税枠は消える。 ◆年間投資上限は、毎年新規40万円まで。 ◆投資対象は各証券会社が選んだ投資信託が中心で個別株はない。
・証券会社と投資商品による。	◆証券会社によってサービスは異なる。 ◆投資対象は各証券会社によってさまざま。
・比較的高め。 ・特に国内保険会社は高すぎるため、あまりメリットがない。	◆国内保険会社の積立商品は、手数料が高すぎる傾向にある(10年で3％しか増えないなど)。 ◆海外積立保険の場合は、毎月の掛け金をクレジットカード決済できるため、ポイントがつく。
・取扱い業者によるが、2.5％が多い。	・業者によっては、下記の手数料が別途かかる。 ◆口座管理料 ◆会費 ◆引出し手数料

3−1 iDeCo（個人型確定拠出年金）

　iDeCo（イデコ）は、国が進める確定拠出年金制度のひとつです。自分の資金を拠出し（投資資金として証券会社の口座に預け）、自分で運用商品を決めて資金を割り振りし、資産を形成する年金制度です。60歳になるまで投資資金を拠出し続け、60歳以降に老齢給付金を受け取ることができます。

　したがって、60歳になるまで、原則として資産を引き出すことはできません。

　基本的に20歳以上60歳未満の全ての方が加入でき、多くの国民が、より豊かな老後の生活を送っていただくための資産形成方法のひとつとして、国は政策的に位置付けています。つまり、ひとことで言うと「じぶん年金」です。

◉iDeCoが導入された背景

　iDeCo（個人型確定拠出年金）および企業型DC（企業型確定拠出年金）は、2001年6月に可決・成立した確定拠出年金法（平成13年法律第88号）に基づいて設けられた制度です。

　老後の生活資金を公的年金だけに頼るのではなく、個人または企業が拠出した資金を、個人が自己の責任において運用し、資産を貯め増やしていく私的年金制度のひとつとして位置付けられています。

　1990年代くらいまでは、会社員の年金には、国民年金や厚生年金保険などの公的年金のほか、これらに上乗せして、企業が独自で採用する企業年金制度がありました。企業年金制度の中でも当時主流だった厚生年金基金は、将来受け取る給付額が約束されている「確定給付型」の年金制度であり、その資産の運用は企業または基金が行っていました。

　高度経済成長期では、企業が運用する年金資産に不足分が出るようなことはまずありませんでした。しかしバブル崩壊後、景気悪化や低金利政策で想定通りの運用ができずに資産が目減りした結果、その不足分を代行して企業が補わなくてはならなくなりました。

　その結果、景気悪化による負担額の増加から、適格退職年金や厚生年金基金の廃止・解散が相次ぎました。また、厚生年金基金は、厚生年金保険の一部を

国に代わって運用・給付する制度ですが、この代行部分を上回る運用を行わないと解散すらできません。このような背景から、現在では厚生年金基金の新規設立は認められていません。

このような従来型の企業年金に替わるものとして白羽の矢が立ったのが、アメリカの「401（k）」という制度です。「401（k）」は、アメリカにおいて、景気低迷の打開や老後資金の不安を解消する目的として1978年に誕生しました。そのため、確定拠出年金が日本に導入された当初は、「日本版401（k）」と呼ばれていました。

iDeCo（イデコ）は、自営業者および企業年金のない会社員のための制度として、企業型DCとほぼ同時期にスタートしました。しかし、企業型DCが「日本版401（k）」と呼ばれて注目を集めたのとは対照的に、iDeCo（イデコ）は長い間注目されてきませんでしたが、ネット証券が積極的に取扱いを始めたこともあって、いまでは多くの利用者がいます。

◉運用結果次第で、老後の生活に差がつく

前述のように、年金資金を投資することによって資金を増やす（つまり運用）のは、従来は企業や国が代行して行っていました。しかし、それでは十分な利益を出せないので、個人が自己の責任で運用するように作られたのがiDeCoです。

要するに、少子高齢化によって年金制度が破綻しかけている中、そうは言えないので、国民自らも積み立てて、それで運用し、自分の老後の生活費を稼いでほしいということです。

プロが運用益を出せないものを個人に丸投げした格好ですが、私たちにとっては、悪いことばかりではありません。まず、その性質上、リスクの高い投資商品には投資できないようになっています。そして、しっかりとした知識があれば、高い運用益を出すことができます。

◉通常の投資と比べて、得なのか？

iDeCoは、通常の投資をするよりも断然有利です。iDeCoをやらずに株式投資をするのは愚の骨頂です。何かに投資するなら、必ずiDeCoから始めるべき

です。

　理由は、107ページで述べたように、毎年の利益（含み益に限らず）に対する税金がかからないため、複利の効果を最大限に享受できることです。さらに、投資資金（元本）の金額分は、所得税・住民税の対象になりません。そして、運用したお金を受け取るときも、税金が安くなります。

　さらに、後述しますが、証券会社によっては、手数料もゼロに近く、投資信託の信託報酬もインデックスファンドより低いというあり得ないくらい低い手数料となります。これも複利の効果を最大限に享受するのに欠かせない要素です。

●欠点は、投資資金に上限が設けられていること

　このように通常の株式投資に比べると断然有利なのですが、残念なことがいくつかあります。

　例えば、60歳まで引き出せないことや、運用先の選択肢が少ないということです。しかし、何よりも大きな欠点は、iDeCoで運用できる金額に制限があるということです。

　これは、公務員だと年14万4000円（月1万2000円）までですし、専業主婦や企業型DCのない会社員でも年27万6000円（月2万3000円）までです。自営業者だと最高で年81万6000円（月6万8000円と少し多いですが、概ね小さな金額までしか節税効果を享受できません。

●どこの証券会社が良いのか

　iDeCoでは、証券会社はひとつしか選べません。しかも、通常は購入した投資信託にかかる信託報酬の他に、証券会社は口座開設手数料、運営管理手数料（毎月の口座管理にかかる費用）といったさまざまな名目の手数料を課そうとします。前述のように、税金だけでなく手数料も高いと複利の効果が減ってしまい、最後に受け取る金額に大きな差が生まれます。

　そのような中でも、一部の証券会社はこれらの手数料のうち、口座開設手数料や運営管理手数料を無料にしています。さらには、証券会社各社は、信託報酬0.1％台など、通常の投資信託の信託報酬に比べると10分の1程度の低いも

のになっています。

　したがって、この証券会社選びはとても重要です。結論から言えば、SBI証券と楽天証券のどちらかを選択するのが間違いないと言えます。どちらも、手数料の多くが無料で、信託報酬が格安の商品を集めています。さらには、品揃えも豊富で、NISAほどではありませんが、さまざまなニーズに対応しています。

　この2社のどちらが良いかですが、スマホで取引するなら本書の執筆時点では楽天のほうが使いやすいようです。また、楽天銀行や楽天ポイントなどとの連携を考えると、楽天を頻繁に利用されている方にはこちらのほうが良いかもしれません。

3−2　つみたてNISA

◉NISA（少額投資非課税制度）の積み立て版

　つみたてNISAは、NISA（少額投資非課税制度）の積み立て版です。日本人はもともと預貯金好きで、世界的に預貯金率が非常に高いことで知られています。バブル崩壊前まで日本の郵便局の定期貯金は、預けっぱなしにしておくと10年から12年で2倍になったくらい金利が高かったのを知っていますか？

　3年以上の定期貯金だと、1974年には金利8%でした。1979〜81年も7%、1990年でも6.3%でした。72の法則をご存じでしょうか？

　72を金利で割ると、元の値の2倍になるまでの年数が出てくるというものです。つまり、金利8%だと9年で、7%だと10年ちょっとで、そして金利6%だと12年で、元の金額の2倍になるのです。

　実は、郵便貯金のほうが銀行の預金よりも金利が良かったので、いまでも多くの人が、お金を貯めることを「預金する」とは言わずに、「貯金する」と言います。

　ところがバブルがはじけてから急速に金利が減りました。1995年には1%を切り、2000年には0.1%になり、その後数%まで上がったものの、リーマンショックをきっかけにさらに下がり、いまは0.010%です。バブル以降、長期間デフレが続いたために、金利を低く抑えるしかなかったのです。

　国としては、国民が預貯金で保有しているお金を、少しでも株式投資に回し

てほしいという事情がありました。預貯金の一部が株式市場に流れれば、市場は活況になり、景気が上向くからです。

　一方で、生命保険の積立金と預貯金は、国債を購入する原資でもあります。したがって、多くの預貯金が株式市場に流れてしまうと、年々増えていく国債の引き受け先がなくなり、デフォルト（国家破綻）してしまいかねません。そこで、国は少額の投資に対しては課税しない優遇制度を作り、預貯金の一部を株式市場に流そうと考え出されたのがNISAです。

●NISAが導入された背景

　ところで、一般的に公表されているNISAの背景は、国の事情というよりは、国民のためを思って作られたというようになっています。つまり、金利が低くなったので、少しは株式市場に投資しようという気持ちにさせるべく、「貯蓄から投資へ」というスローガンとともに、発表された政策です。

　高度経済成長期が終わり、それまでは年功序列制度の下、年齢が上がれば自動的に給料が上がっていきました。しかし、長いデフレとともに、急速に成長した韓国や中国などの旧新興国に「世界の工場」の座を奪われるようになると、年収は次第に頭打ちになっていきます。

　一方で、少子高齢化によって老後の生活が危ぶまれるため、お金を貯める必要性はますます増えています。これまでどおり、結婚したり子育てをしたりしていくためにはたくさんのお金が必要になります。

　家を買いたい人にとって頭金づくりは重要な課題です。しかし給料は増えません。さらに老後のことを考えれば公的年金だけに頼らず、自助努力でお金を増やす必要性が高まっています。

　こういった、国民の懐事情を考えた施策として企画・発表されたNISAは、徐々に受け入れられていきます。

●つみたてNISA

　しかし、長期のデフレや国際競争力の低下によって、本当にお金を増やす必要のある若者世代にとって、NISAの投資限度額の年120万円は、けっして低い金額ではなく、思っていたほど活用されません。そこで、もっと活用しやす

く月々積立ができる非課税投資制度が望まれていました。そこで導入されたのが「つみたてNISA」です。

　つみたてNISAであれば、毎月3万3333円を積み立てていくことで、上限額ぎりぎりまで投資できます。もちろん、それより少なくても構いません。

図4-5　NISAとつみたてNISAの違い

	つみたてNISA	NISA
対象者	日本に居住する20歳以上	
投資タイミング	積立方式	都度購入
年間投資上限額	40万円	120万円
非課税となる期間	最長20年	最長5年
対象商品	国が定めた基準を満たした投資信託	国内株式・海外株式・投資信託
非課税対象	対象商品にかかる配当金・分配金、売却益	
口座開設期間	2037年開始分まで	2023年開始分まで
金融機関の変更	各年ごとに変更可能	

◉NISAとつみたてNISAのメリット

　NISAおよびつみたてNISAのメリットは、利益に対して税金がかからないところです。たとえば、通常の証券口座とNISA口座を比較した場合、通常の証券口座で運用した場合に10万円の利益が出たら、そのうちの20%が課税されてしまい、手元には8万円しか残りません。それに対してNISA口座で運用した場合、利益の10万円がそのまま受け取れます。

◉iDeCoとの違い

　つみたてNISAもiDeCoも、積立投資で、利益に対する税金が非課税という点は同じです。一方で、iDeCoに認められている積立に回した金額が所得税の対象から外れる（控除される）優遇制度は、NISAにはありません。したがって、どちらから始めるかを迷っている方は、まずはiDeCoから始めるほうが断然有利です。そして、月々の金額を増やす余裕があればつみたてNISAも始めればよいのです。

図4－6：iDeCoとつみたてNISAの品揃え比較（SBI証券の場合）

ファンド種類	iDeCo	信託報酬	つみたてNISA	信託報酬
日経225	ニッセイ日経225	0.1859%	ニッセイ日経225	0.275%
全世界	eMAXIS Slim 全世界株式（除く日本）	0.1144%	eMAXIS Slim 全世界株式（除く日本）	0.1144%
エマージング	eMAXIS Slim 新興国株式インデックス	0.2079%	eMAXIS Slim 新興国株式インデックス	0.2079%
ダウ	大和-iFree NYダウ・インデックス	0.2475%	eMAXIS NYダウ・インデックス	0.66%
S&P500	eMAXIS Slim米国株式（S&P500）	0.0968%	eMAXIS Slim 米国株式（S&P500）	0.0968%
	該当なし		S&Pバンガード・S&P500 インデックス	0.0938%
バランス	eMAXIS最適化バランス（マイフォワード）	0.55%	eMAXIS最適化バランス（マイフォワード）	0.55%

　一方で、つみたてNISAのほうが品揃えは豊富です。たとえば、SBI証券の品揃えを見ると、iDeCoでは北米のファンドは3つしかありませんが、つみたてNISAでは7個あります。

　グローバル株式のファンドでも、iDeCoが13個に対して、つみたてNISAは28個あります。信託報酬については、同じ商品であればiDeCoでもつみたてNISAでも変わらないようです。

　ただし、iDeCoには、債券やREIT、金（ゴールド）等への投資が可能ですが、つみたてNISAは基本的に株式投資が組み込まれたバランス型投資商品が豊富にあるものの、債券のみ、REITのみといったものはありません。

◉通常の投資と比べて、得なのか？

　iDeCo同様、つみたてNISAは、通常の投資をするよりも断然有利です。理由は、前述したように、毎年の利益（含み益に限らず）に対する税金がかから

ないため、複利の効果を最大限に享受できることです。さらに、証券会社によっては、手数料もゼロに近く、投資信託の信託報酬もインデックスファンドより低いというあり得ないくらい低い手数料となります。これも複利の効果を最大限に享受するのに欠かせない要素です。

◉欠点は、投資資金に上限が設けられていること

こちらも前述のように年40万円という上限が設けられているのが残念です。したがって、投資するなら、まずiDeCo、次につみたてNISA、それでも月々の積み立てに余裕があるならば、通常の投資を積み立て方式で行うのがよいでしょう。

◉どこの証券会社が良いのか

iDeCo同様、NISAでも証券会社はひとつしか選べません。ここも、品揃えや手数料を考慮すると、SBI証券と楽天証券が圧倒的に有利だと思います。また、SBI証券ではTポイントで株式が買え、楽天証券では楽天スーパーポイントで株式が買えるのも見逃せません。

3-3 証券会社の積立サービス

◉定期買付の設定をすることができる

iDeCoとつみたてNISAでは、それぞれ月の積立金額が限られています。iDeCoの場合、会社員であれば月々1万2000円から2万3000円、自営業者であれば6万8000円までしか積立できません。

つみたてNISAの場合年間40万円のため、月々3万3000円までしか積立できません。iDeCoの積立限度額が1万2000円の会社員の場合、NISAと合わせて4万5000円しか積立できません。

それ以上積立したい場合には、証券会社によっては積立投資がしやすい機能を揃えています。例えば、SBI証券では、通常の株やETFの売買の他に、定期購入のボタンがあります。それを設定すると毎月決まった金額または株数を購入するようになります。

こちらの機能のほうが、iDeCoやNISAに比べて、幅広い銘柄やETFに投資できますが、節税効果はありません。毎年利益に対して20%の税金が徴収されます。ただし、税金がかかるのは売却したときだけで、含み益には課税されません。

　配当益には課税されると思いますが、長期投資の観点で購入した株を売却せずに長期保有し、積立をし続けている間は課税されないので、他の節税商品に比べてものすごく不利かというと、そうではないでしょう。

　ただし、特にETFの場合iDeCoとNISAのほうが信託報酬が低いものが揃えられているようです。したがって、まずはiDeCoとNISAで積立てを設定し、それぞれの上限を超えた金額を、証券会社の定期買付の設定をすることをお勧めします。

3－4　海外積立保険

●国内の保険会社による積立商品をおススメできない理由
　積み立て投資と言えば、積立保険も検討に値します。国内であれば、学資保険や年金保険で積立型のものなどがあります。

　しかし、残念ながら国内の保険会社による積立商品はお勧めできません。積立期間中の運用益に所得税がかからないのは同じですが、以下のいずれかだからです。

1　手数料が高い
2　運用先は国債などが中心で、積立金額に比べて受取時の金額がほとんど増えない

　国内の保険会社の手数料が高い理由は明白です。社員が多すぎるのです。海外の保険会社は、ほとんどの業務は自動化されていて、社員は、商品開発と電話での顧客サポートくらいしかいないところもあります。それに比べて、国内は保険の外交員こそいなくなったものの、支店が存在したり、大規模なシステム投資が必要だったりと、オーバーヘッドが多すぎるのです。これらのコスト

は、全て顧客への手数料や運用益の悪さに帰結しています。

　その理由もあって、積立保険を検討するのであれば、国内ではなく、海外の積立保険の検討をお勧めします。しかし、理由は手数料の大きさだけではありません。

◉海外積立保険は、実質的に証券ファンド

　海外積立保険は、実質的には、積み立てている資金で投資信託を購入する、投資ファンドだからです。これが前項で説明した証券会社の積立投資と何が違うのかというと、積立保険は『保険』という形をとっていることです。

　実は、保険というのは、満期まで運用益に対して税金が課税されません。iDeCoやつみたてNISAと同じで、税金がかからない分、高い複利効果が得られます。

　どうして実質的にはファンドにもかかわらず、税金がかからないのかというと、海外積立保険の多くは、生命保険の終身死亡保険部分が1％で残りの99％は実質的に証券ファンドという形をとっているからです。

　国内の積立保険との違いは、満期後に受け取る金額の大きさです。もちろん、運用の結果次第では、損失を出すリスクもあります。しかし、iDeCoやNISA同様、運用商品を適切に選べば、リスクをほとんどゼロにすることができます。

　そのひとつが、S&P500に連動したファンドを活用した保険です。これは、預かった保険料を、ドイツ銀行やモルガンスタンレー等の世界的な大手証券会社5社が運用するS&P500に連動した仕組債で運用するというものです。ひとつの証券会社だとその証券会社が倒産した際にリスクが生じる（分別管理されているはずなので、リスクは限定的ですが）ために、5社に分散しています。

　この仕組債では、10年とか20年とか積立続けるのですが、解約をしない限り、積立額の1.2倍を保障するというものです。そして、運用益がそれを上回った場合には、上回った金額も受け取ることができます。

　この仕組債のリスクが低い理由ですが、S&P500の過去のチャート（図1－5：23ページ）を見れば明らかです。一時的に下がることはあっても、長期的にはずっと上昇し続けているからです。

　基本的に株価は上昇し続けていて、暴落したとしても15年も待てば元に戻

るのです。したがって、満期のタイミングで暴落していたとしても、我々投資家は積み立てた保険料の120%が受け取れる一方で、実際に仕組債を提供している証券会社は、15年待てば元に戻ることを知っているために、損失を出さないようにうまく設計されているのです。

　そして、保険会社はと言えば、証券会社の提供する金額に若干の手数料を載せて投資家に販売しているだけなので、まったくリスクはありません。

　海外積立保険の運用対象は、これ以外にも、自分でファンドを選んで運用することもできるため、ハイリスクハイリターンの投資商品で運用することも可能です。

　毎年の利益に対する20%の税金が免除されるという点では、証券会社の定期買付による積立よりはるかに有利です。そして、毎月の積立金額に限度はないため、iDeCoやつみたてNISAよりも良いかもしれません。

　また、保険であるため、契約者貸し付けという制度があるところもあるようです。つまり、急に資金が入用になった際に、運用している商品を解約することなく、お金を借りることができるという制度です。その代わり、利息は運用益から支払われることになるため、元本を返済するまでは、ほとんど資産を増やすことはできません。

3−5　純金積立

◉取り扱い業者ごとの価格を比較すると……

　積み立てと言えば、純金積立というものもあります。日米欧の中央銀行が紙幣を刷りまくっているため、長期的にはインフレになると言われています。したがって、今後も金（ゴールド）をはじめとした貴金属の価格は上昇する可能性があります。そうであれば、一気に購入してもよいですが、ドルコスト平均法のメリットを生かした積立投資の対象として、これら貴金属を考慮するのは悪くない考えだと思います。

　貴金属の取引といえば、従来は田中貴金属と三菱マテリアルが有名でしたが、最近ではSBI証券や楽天証券もコモディティ投資の延長で純金積立サービスを提供し始めています。

それでは、どこで積立をするのがよいのでしょうか？　以下に、取り扱い業者ごとの価格比較表を整理しました。

図4-7：純金積立等の取り扱い業者別の価格比較（円/g）（2020年8月21日の価格）

商品取引会社	商品	購入価格	買取価格
田中貴金属	金	7,355	7,263
	プラチナ	3,569	3,449
	銀	104.72	100.54
三菱マテリアル（Web）	金	7,344	7,274
	プラチナ	3,558	3,427
	銀	104,55	100,71
SBI 証券	金	6,669	6,589
	プラチナ	3,365	3,220
	銀	99,0	94,0
楽天証券	金	6,611	6,533
	プラチナ	3,129	3,004
	銀	91,8	87,9

　これを見ると、田中貴金属がもっとも高いのですが、三菱マテリアルも店頭価格は田中貴金属と同じです。また田中貴金属の価格は21日の朝の価格ですが、SBI証券と楽天証券の価格は22日夕方〜23日朝の価格のため、一概に比較はしづらいです。

　しかし、購入するなら楽天証券がもっとも価格が低く、売却するなら三菱マテリアルのWebがもっとも高く買い取ってもらえるということが分かります。しかし、この違いは、どうやら消費税の有無のようです。SBI証券はニューヨーク市場にて、楽天証券はロンドン市場にて買付けおよび保管を行うため、貴金属の地金代金に消費税がかかっていません（手数料には消費税がかかります）。

　それに対して、田中貴金属と三菱マテリアルは国内での売買のために、消費税がかかっているのです。

　したがって、楽天証券で購入して、三菱マテリアルで売却するということをもし行ったとしても、間に輸入という手続きが必要となり、そこで消費税がか

かるので、決して得をするわけではなさそうです。

　貴金属の投資の場合、積立てたものを現物で引出すこともできるのですが、引出しする手数料に加え、それを日本に送る送料を考えると（これらの貴金属の重量は、結構重いため）、かなりの金額になってしまうため、これも割りが合わないでしょう。

◉いくらから始められる？

　田中貴金属は、月々3000円から積立可能で、三菱マテリアルも、月々3000円から積立可能です。

　SBI証券は、月々1000円からあるいは1000グラムから積立可能としていて、楽天証券は、月々1000円から積立可能です。

◉手数料について

　手数料については、各社異なるために、注意が必要です。

　田中貴金属は、1.5%（月々5万円以上〜）〜2.5%（月々3000円〜）、保管料は無料ですが、さらに2年目から年会費1000円がかかります。

　三菱マテリアルは、26円（月々1万円以上）〜31円（月々1万円未満）となっています。

　SBI証券は、買付時は約定代金の2.0%（税込2.2%）、売付時はありません。年会費と保管料は無料です。

　楽天証券は、買付時は約定代金の1.5%（税込1.65%）、売付時はありません。

　上記の情報だけを見ると、積立金額が月々1万円の手数料は、次のとおりになり、

田中貴金属：250円
三菱マテリアル：26円
SBI証券：220円
楽天証券：165円

　三菱マテリアルが圧倒的に安いようです。

●ETFで積み立てるという方法もある

ところで金（ゴールド）に投資をするなら、ETFで保有するのがよいと2章で書きました。理由は流動性があるからです。しかしながら、積立ということで考えると、流動性はあまり考慮しないでもよいかもしれません。

金（ゴールド）をETFで購入する場合は、レイ・ダリオが投資しているGLD（SPDR GOLD SHARE）に投資するのがよいと思います。プロが購入しているETFであれば、手数料なども十分比較検討した上で決められたものなのではないかと思います。

4 ▷ 積立投資で購入すべきは、何？

前項では、5種類の積立商品について、その特徴とメリット、デメリット、そして検討すべき順位などについて説明してきました。しかし、これらを選択して行動に移したとして、口座を開設するところまではできると思いますが、口座を開設した後に、あまりにも多くの投資対象があり、どれを選んだらよいのか分からない人が多いと思います。

「なぜ積立投資をすべきなのか？」（104ページ）で、積立投資は良いところばかりで、損をすることはない投資だとは言ったものの、選択を誤ると元本割れしたり、期待していた利益を得られなかったりします。そういう意味では、積立投資の特性とそれぞれの投資対象の特性を理解して選択しなくてはなりません。

この項では、それぞれの積立商品（積立口座）の中で、どれを選んだらよいのかについて、具体的な判断基準を紹介します。

まずは、いくつかの判断基準を並べます。

原則1　積立投資で選ぶべき投資対象は、長期的に価格が上昇していくものにすべき

積立投資がドルコスト平均法のメリットを享受することで損をすることがない、というのは、2つの仮定が同時に満たされるケースに限ります。そのことは、ドルコスト平均法で損をする2つのケースのところでも触れています（105

ページ）。

その2つの仮定の1つ目が、投資対象を選ぶ際にとても重要になります。

1　株価は、上下の変動を繰り返しながらも、長期的には上昇していく

　長期的に上昇していく投資対象というのは、絶対というものはあり得るでしょうか？　残念ながらあなたがタイムマシーンに乗って未来から来た人でない限り、未来を100%確実に当てることは不可能です。しかし、投資対象の原理を理解し、過去の歴史から未来を予測することによって、かなり高い確率で予測することは可能です。それについては、後ほど紹介します。

原則2　途中で売却しない

　ドルコスト平均法で損をする2つのケースの2つ目がこれに当たります。投資を続けていると、保有している銘柄（投資対象）の価格が暴落すると、「売却しないと損が膨らむ！」とか、「いままでの利益がなくなってしまう！」と思い、慌てて売ってしまいたくなります。

　しかし、もし投資対象が、長期的に価格が上昇していくものであれば、価格の下落は、

『いままで購入して保有していた持分の価値が急速にしぼんでいく』のではなく、

『大バーゲン、大安売りだ！　集めていたものが格安で購入できる！』と考えるのが正しいのです。

　そう考えると、途中で売却しないという原則は、当たり前のことなのですが、相場が下落していると、冷静さを失って、売却したくなる気持ちが出てくるものです。したがって、何が起こっても売却してはいけない！　という大原則を頭に叩き込んでください。

　一方で、分散投資の教科書には、1年に1回リバランシングしなさいと書いてあったりします。分散投資の原則は、それぞれの資産クラス（株とか債券とか）の持ち分比率を決めて投資することです。しかし、購入時にしっかり比率

を決めて対象商品を購入しても、それらの値動きはバラバラなので、時間とともに保有資産額の構成比率が変わってきます。

　例えば、株を30%、国債を30%、REITに30%、金（ゴールド）に10%を投資して始めたとしても、その年は好景気で株価や不動産価格が上昇し、国債や金（ゴールド）は下落しているとします。

　すると、1年後の構成比率は、株40%、国債15%、REIT40%、金（ゴールド）に5%のように様変わりしていることでしょう。これを1年に1回見直して、元の比率に戻すように株とREITを売り、国債と金（ゴールド）を購入することをリバランシングと言います。

　しかし、積立投資の場合は、このリバランシングはしなくてもよいと思います。もし、どうしてもリバランシングをしたいのであれば、すでに保有しているものを売却するのではなく、新たに積み立てる投資対象の構成を変えるのがよいでしょう。そうすれば、下落している、すなわち大バーゲンセール状態の国債と金（ゴールド）を多めに購入できることになります。

原則3　出口戦略は明確にしてから投資対象を決める

　長期的に価格が上昇していくものを選ぶにあたり、ひとつ重要なことがあります。例えば、今後20年くらいは上昇していくだろうけど、その後は下落していきそうだ、というようなものがあります。

　例えば、原油について考えてみましょう。原油は、このコロナで需要が低迷している一方で、従来の産油国に加えて、アメリカやカナダが新たな産油国として輸出生産量が増えています。つまり、需要に比べて供給が伸びているために、価格は下落傾向にあるのはしかたのないことです。

　しかし、現在の相場1バレル40ドル前後は、低すぎます。コロナがひと段落した後は、需要は再び増加していくでしょう。特に、世界の人口の90%を占める新興国の人々の生活が豊かになるにつれ、エネルギー需要は伸び続けます。

　したがって、2021年か2022年頃から原油価格は再び上昇に転じて、しばらくそのトレンドは続くと予想できます。

　しかしながら、欧州を中心とした気候変動アクションの影響や、技術革新で

導入・維持コストが急速に下がっている太陽光をはじめとした再生エネルギーの導入が進むにつれて、原油価格は2030年までのどこかでピークに達するだろうと、オイルメジャーですら予想しています。

　つまり、原油への積立投資は、5年間というスパンであれば、十分理想的だということです。この場合、当初5年くらいは原油関連のETFで積立投資を続け、そろそろピークが訪れそうだというところを見極めたら、早々に売却し、他の投資対象で運用する計画を立てておけば、原油への積立投資も意味があるものになります。

原則4　EXIT時に価格が暴落している場合には、EXITを延期する

　NISAや積立保険のように、満期のようなものがある商品があります。もし、運悪く満期のタイミングで、市場が暴落していたとしたら、そこで保有資産を売却してしまうと、大損失を被る可能性があります。積立を終えるつもりだったので大バーゲンにもなりません。

　残念なことに、そのような場合には、売らずに、いずれ価格が元に戻るまで、しばらく寝かせておくことをお勧めします。NISAの場合は、そのまま保有していても利益に対する免税がなくなるだけなので、あわてて売却する必要はありません。積立保険も満期までの間に付加されていた保障のようなものがなくなる程度で、そのまま保有していても構わないはずです。

　さて、以上の4つの原則を頭に入れてもらった上で、具体的に何に投資すべきかを学んでいきましょう。次からは、具体的にどのような資産クラスに投資すべきかについて、紹介していきます。

4-1　個別株よりファンドがベター

◉個別株に投資するのは、自殺行為？

　積立投資は長期投資が前提のため、個別株よりもファンド（投資信託やETF）をお勧めします。個別株は、避けたほうが無難です。

実際、iDeCoもつみたてNISAも積立保険も、投資信託やETFしか選ぶことができないと思います。唯一個別株を選べるとしたら、証券会社が提供している定期買付のサービスを利用して購入することです。

　個別株が長期投資に向かない理由は、会社には栄枯盛衰があるからです。身近な企業で言うと、東芝やシャープ、日本航空を見れば明らかです。

　東電は、家電だけでなく、発電所などの重電の事業を持っていましたが、バブル期のピークを越すことはできず、リーマンショック以降、下がり続け、低迷しています。

図4−8：東芝の株価推移（1984年1月〜2020年8月）

　シャープは、世界の亀山工場と言われて、かなり評価が高かった時代がありましたが、その2007年当時でさえ、1999年のピークを越えることはできていません。その後、リーマンショックの時期に暴落して以来、台湾・韓国・中国の低価格メーカー勢に市場を奪われ、台湾のメーカーに救済された今も、低迷したままです。

　それにしても、同じ家電業界だからでしょうか？　東芝とほとんど同じ動きをしています。

図4－9：シャープの株価推移（1984年1月～2020年8月）

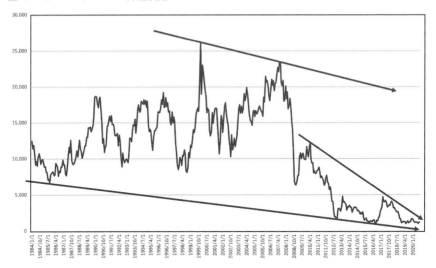

　なお、日本航空は、2010年に倒産したため、過去の株価情報が手に入りませんでした。そこで、比較のために、現在も好調と思われている日本の銀行の代表格である三菱UFJファイナンシャルグループの株価推移を見てみましょう。

図4－10：三菱UFJファイナンシャルグループ（MUFG）の株価推移（2001年4月～2020年8月）

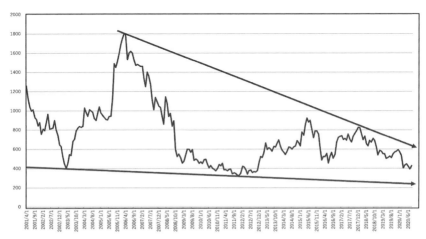

なお、MUFGも2000年代に銀行同士の合併があったため、株価情報は2001年4月からしか取れていません。しかし、このようにMUFGですらも、長期的には下落傾向にあることが見て取れます。

　かつて会社の寿命は30年と言われたこともありましたが、いまではもっと短いと言われています。そして、これからの10年、20年は、電気がこの世に生まれてきた第二次産業革命前夜との違い以上に、劇的に世の中が変化します。そのような時代に、長期的な投資として個別株に投資するのは、自殺行為と言えるでしょう。

　一方で、ファンド（投資信託やETF）は、どうでしょうか？　実は、個別株に投資しているファンドであっても、ファンドに組み入れる構成銘柄は常に変化しています。

　アクティブファンドであれば、ファンドマネジャーの裁量で組み換える銘柄が決まります。インデックスファンド（株価指数連動ファンド）についても、株価指数の判定に使われる株の銘柄は、定期的に見直されています。例えば、倒産して上場廃止になった企業は株価指数から外されますし、GAFAのような成長著しい企業が新たに組み入れられるのです。

　このように、ファンドへの投資は長期投資に向いているのです。

4－2　アクティブ投信よりパッシブ投信

◉インデックスVSファンドマネジャー

　積立投資でファンド（投資信託やETF）を選ぶ際に、ついつい運用成績がもっとも高いアクティブ投信に興味がいきがちですが、長期投資が目的であれば、あまりお勧めしません。

　米国の統計ですが、3年連続でインデックス（株価指数）よりも成績が良かったファンドマネジャーは、わずか5％しかないということです。

　世界的に優秀なファンドマネジャーが集まるアメリカですら、この状況です。ましてや日本のファンドマネジャーが、これより良い成績を出し続けられるというのは、なかなか考えづらいものです。

図4-11：アクティブファンドの実績評価（2003年3月31日～2016年9月30日での評価）

ファンドカテゴリー	ベンチマーク（インデックス＝株価指数）	3年間でベンチマークの利益を上回ったファンドの率	1年間でベンチマークの利益を上回ったファンドの率	2年連続でベンチマークの利益を上回ったファンドの率	3年連続でベンチマークの利益を上回ったファンドの率
米国大型株	S&P 500	30.83%	33.93%	13.62%	5.17%
米国中型株	S&P MidCap 400	25.65%	30.39%	10.35%	3.24%
米国小型株	S&P SmallCap 600	30.58%	35.25%	13.30%	4.60%
グローバル市場	S&P 700	23.89%	36.68%	15.56%	6.88%
新興国市場	S&P/IFCI Composite	25.24%	38.39%	15.48%	5.22%

出典：S&P Dow Jones Indicies, Fleeting Alpha: Evidence From the SPIVA and Persistence Scorecards

　ウォーレン・バフェットも、一般の投資家へのアドバイスとして、インデックス投信を勧めています。彼曰く、「ほとんどのファンドマネジャーは、彼らの手数料を引いた後の顧客の利益はまったく考えていない」ということで、「良くて、とんとん」とも、「手数料は止まらない」とも言っています。

　なお、上記の表の成績は、手数料を取る前の話です。したがって、インデックスよりも成績が良かった5%のファンドマネジャーのファンドを購入していたからといって、彼らの手数料を引いたら、利益が出ていないということも十分考えられるということを、バフェットは言っています。

　また、彼が言っているのは、インデックス投信を勧めるのは一般投資家に対してで、プロ投資家に対してではないということです。ポイントは、プロ投資家ならアクティブ投信でインデックスより良い成績を出せると言っているわけでは必ずしもありません。彼が言っているのは、プロ投資家であれば自分で個別株を売買するために、ファンドマネジャーの年収にお金を払う必要がないということです。

　通常、ファンドマネジャーの年収は米国では何億円にも及びます。それらは、全て投資信託の運用手数料として投資家から徴収されることになります。さらには、投資信託を販売するための手数料や、市場での売買手数料等が積み上がっているのです。

一方で、インデックス（株価指数）連動型のパッシブ投信は、インデックスで決められた銘柄と構成比率どおりに、毎月市場で買い足されているため、ファンドマネジャーは存在しません。その代わりに、毎月決められた構成比率通りに買い注文を出す事務職（またはプログラム）がいるだけです。当然、何億円ものファンドマネジャーの年収が不要なため、手数料はかなり安くなっています。

4－3　S&P500のETF（投資信託）

●暴落後回復まで時間が徐々に短くなっている

　積立投資で、もし１つの銘柄だけを選ぶのであれば、S&P500に連動しているファンド（投資信託やETF）を選ぶことをお勧めします。図1－5（23ページ）にあるように、S&P500は長期的に保有していれば損をしないからです。

　1928年からおよそ100年の歴史のうち、基本的には常に上昇してきました。ただし、暴落から回復まで時間がかかったのは３回ありました。

　最初は、世界恐慌の時です。1929年9月の最高値に戻したのは、およそ30年後の1959年3月です。その間に一度戻り始めましたが、1937年3月をピークに再び暴落し、第二次世界大戦に突入していきました。そして、終戦後の1946年をピークに再び暴落し、3番底を経験しています。

　2度目は、1971年8月のニクソンショックのきっかけとなった不況が始まる直前1968年10月当時につけた最高値の値に戻したのは、23年後の1991年8月です（この直前の1987年10月にブラックマンデーという暴落がありました）。

　3度目は、ネットバブルがはじける直前の2000年8月につけた最高値に戻したのは、15年後の2015年4月でした。この間に、一時株価が戻りかけていたのですが、リーマンショックでまた暴落してしまいました。

　このように、暴落したタイミングにEXITを計画していると、10年以上待たなくてはならなくなりますが、他の投資対象（特に日経平均株価）に比べればかなりマシだと思います。

　次ページの図4－12を見れば明らかですが、日経平均株価は、1989年12月にバブルがはじけて以来、30年経過しているにもかかわらず、まだ値が戻っていません。

図4−12：日経平均株価（日経225）過去67年間の値動き

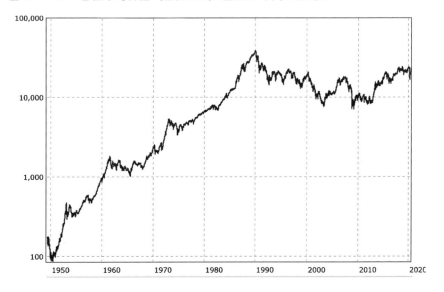

　このように、S&P500であっても、暴落後回復まで時間がかかります。しかし、回復までの期間は、30年→23年→15年と8年ずつ短縮しています。これは、各国政府と中央銀行が学習していることが原因かもしれません。

　リーマンショック時の量的緩和の経験がまだ記憶に新しかったからか、株式市場や経済全体を回復させる方法を熟知していたのでしょう。暴落した株価は、半年も経たずに戻りました。

　プロの投資家の多くは、この後また暴落があると考えているようですが、そうであっても、上記の通りに進むのであれば今回のコロナを原因とした今後起こり得る暴落からの回復には10年かからないという期待もできます。

　いずれにしても、長期投資を考えると、S&P500は押さえておいたほうがよいでしょう。

第5章

▼

上げ相場でも
下げ相場でも
稼げるトレード

●証拠金取引を理解する上で重要な概念

　これまで紹介してきたのは、不況で割安になった資産を安いうちに購入し、時間の経過とともに市場が復活してきたら、結果的に資産が増えているという原理で、お金持ちになろうというものでした。したがって、市場が落ち続けている状態では、黙って見ているしかありません。しかし、この市場が落ち続けている場合にも大きく資産を増やす方法があります。

　それがトレードです。その多くは、証拠金という一定以上の現金や保有している株を預けることで、その何倍もの現金や株を借りて売買する証拠金取引というものです。売買する対象が通貨であればFX、株であれば信用取引、投資信託やコモディティであればCFDや先物取引があります。

　証拠金取引を理解する上で重要な概念は以下の3つです。

1　レバレッジ取引
2　追証
3　空売り

　レバレッジとは、梃子（てこ）のことです。小さな力で大きなものを動かせるアレです。具体的には、30万円を預けることで100万円分の株を売買できるというように小さな資金でより大きな資金を取引できるので、レバレッジ取引と呼ばれます。

　どうして預けた資金よりも大きな金額の取引ができるのかというと、証券会社がお金を貸してくれているからです。つまり、借金をして取引をしていることになります。

　追証とは、追加証拠金のことです。レバレッジ取引をして利益が出ていればよいのですが、損失が出ると損失分を証券会社が肩代わりしてくれます。つまり借金が増えます。しかし、預けた証拠金の何倍までしか借りられない契約になっているため、それを超えてしまうと、期日までに証拠金を追加しないといけなくなります。これを追証と呼びます。

　そして、期日までに証拠金を追加できないと、それまでの取引（ポジション）は強制売却（ロスカット）され、預けた証拠金は没収されてしまいます。

分かりづらいので、例を挙げて見ていきましょう。

あなたは、証拠金100万円を預けて300万円相当の株を買ったとします。しかし、それから数日経ち、株価が下落して預けた証拠金の額100万円を超える損失（含み損）が生まれてしまったとします。その場合、翌日の15時までに証拠金を追加して損失額をカバーするか、あるいは相場が反転して株価が上昇し、含み損の金額が100万円以内に収まるか、どちらかが満たされないと、その株は全て強制売却され、証拠金100万円も取り上げられてしまいます。

●**追証で大量の借金が残ることも**

追証の恐ろしいところは、契約によっては、借金を証拠金で充当しきれなかった分の残りを支払わなくてはならないこともあります。先物取引で穴をあけて全財産をすっただけでなく、大量の借金が残った……というような笑えないことも起こり得ます（図5−1）。

図5−1　追証のしくみ：損失が膨らみ、追証が払えないケース

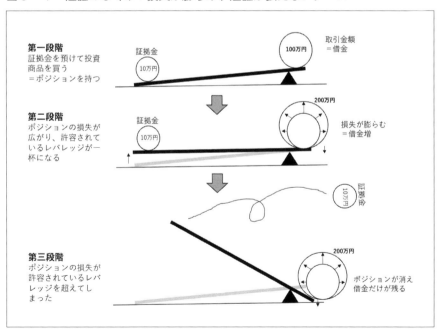

一方、期日までに追証の差し入れが間に合えば、それまでの取引（ポジション）を維持することができます。つまり、前記の例で言うと、株価が下がって含み損が100万円を超え、130万円になっていたとします。翌日の15時までに30万円を証拠金に積み足せば、ロスカット（強制売却）を防ぐことができます（図5－2）。

　しかし、投資商品の下落が止まらず、その日にさらに10万円の含み損が発生したとすると、また翌日に10万円を証拠金に積み足さなくてはなりません。したがって、証拠金を積み足すときは、多少余裕をもった金額を積み足すのが理想です。

　あるいは、もうポジションを維持するのをあきらめ、損切をしてしまうほうがよい場合もあります。その場合は、証拠金を積まずにロスカット（強制売却）させてしまい、残った借金を別途現金で支払えばよいでしょう。

図5－2　追証のしくみ：追証の預け入れが間に合ったケース

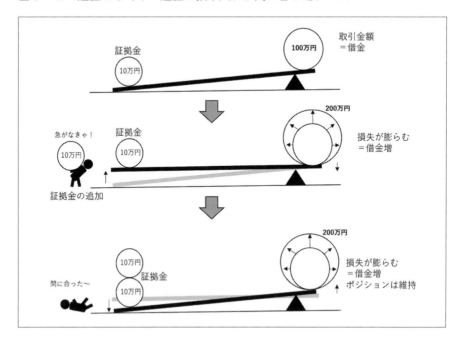

◉空売りとは

　最後に空売りについて説明します。

　空売りというのは、保有していない株とかコモディティ（金銀銅、原油、小麦・大豆など）を売るということです。保有していないものを売るという概念は、なかなか理解しづらく、慣れるまで時間がかかるかもしれませんが、証拠金取引では当たり前の取引です。

　空売りのことを英語でショートと呼びます。そして売った状態を売りポジション（ショートポジション）と呼びます。一方で通常の株を購入して保有している状態を買いポジション（ロングポジション）と呼びます。

　空売り（ショート）は、下げ相場でも短期間で稼げる唯一の投資手段でもあります。市場が落ち続けているときだからこそ、先に売って、後から値段が下がったところで買って返すことが可能になります。

　もう少し説明しましょう。あなたはある朝目覚めたときに点けたTVのニュースでニューヨーク市場が暴落したことを知ったとします。ニュースでは、これは世界経済に影響するとコメンテーターが話をしていました。当然、9時に始まる日本市場も下落して始まるでしょう。

　あなたは、この下落幅はかなり大きく、当日中には元の値には戻らないと判断しました。通常の株の売買では、あなたは保有している株を維持するか、あるいは売却することしかできません。しかし、あなたは証拠金取引を始めたばかりで、昨日証拠金を預けたばかりです。

　この場合、あなたは保有していない企業の株か、日経225先物を空売りすることができます。証拠金取引では、保有していないものであっても、まだ価格が高いうちに売却し、価格が下がってから買い戻すということができるのです。

　この空売りを、通常の世の中にある概念で説明してみると、あなたは証拠金を担保に空売りしたい企業の株を証券会社から借ります。その借りた株を売却し、返却期限までに買い戻して返却します。これが空売りです。

　例えばクルマをレンタルし、レンタルしたクルマを売却し、あとから買い戻して返却すると考えれば、もう少し理解しやすいかもしれません。

　残念ながら、レンタルしたクルマを売却することを許しているレンタカー会社はありませんし、仮に売っても買い戻してくれたらよいと言われたとしても、

中古車の価格は短期間で上がったり下がったりしないため、売却した価格よりも安く買い戻すことはできないでしょう。仮に、傷がついたり事故で動かなくなったりした形で安く買い戻せたとしても、レンタカー会社にそれを返却して許してもらえるわけはありません。

　一方、証拠金取引の場合、お金も企業の株も色はついていないので、どれを買い戻して返却したとしても、貸した側は困りません。そして、価格は常に変動しているため、売却した金額より安く買える（そしてそれがまた値上りする）タイミングは少なくありません。この2点のおかげで空売りというしくみが成り立っています。

　さて、このように証拠金取引の場合には、株式やインデックス投信（日経225とかダウ平均、S&P500等）、コモディティ（金銀銅や原油、小麦・大豆などの農産物の総称）を買うところから取引を始める場合もあれば、売るところから取引を始める空売りもあるため、取引がある状態のことを「ポジションを保有する」という言い方をします。

　次からは、証拠金取引でできる投資をひとつずつ説明していきます。これらは、取り扱う金融商品のタイプと取引手法の違いで次のように分類・整理できます。

図5-3 証拠金取引の分類

		金融商品のタイプ			
		為替	株式	インデックス	コモデイティ
取引手法	現物	1 FX 2 くりっく365	4 くりっく株365 6 信用取引	なし	なし
	先物	3 CFD（差金決済取引） 7 先物取引			
	オプション	5 バイナリーオプション	5 バイナリーオプション 8 オプション取引		
	アービトラージ	9 アービトラージ			

1 ▷ FX

◉FXの基礎知識

FXとは、Foreign Currency eXchangeの略、Forexとも呼ばれます。つまり、異なる国の通貨と通貨の両替のことです。ただし、FXと表現するときは、為替（通貨）の証拠金取引のことを指します。

普通の株式投資やコモディティ投資と異なるのは、現金で何かを売買する代わりに、現金で他国の現金を売買するということでしょうか。したがって、我々日本人は日本円（JPY）で、別の通貨を購入します。このときの通貨を示すアルファベット3文字の組み合わせで、投資対象を表現します。

例えば、日本円と米ドルの取引はUSDJPYまたはUSD/JPY、日本円とユーロの取引はEURJPYまたはEUR/JPYといった具合です。

証拠金取引なので、レバレッジも追証も空売りもあります。ただ、通貨同士の取引なので、空売りという言葉は使われませんが、ロング・ショートという用語はそのまま使われます。

日本円を売って米ドルを購入することを、USDJPYの買い、またはロングと呼びます。逆に、米ドルを売って日本円を買うことをUSDJPYの売り、またはショートと呼びます。面白いのは、USDJPYを売ることを、JPYUSDを買うとは言わないことです。

まれに小国の通貨同士の交換では、どちらの通貨が先に表示されるかが定まっていないケースはありますが、通常はUSDJPY、EURJPY、EURUSDのように決まっています。

FXのレバレッジは、日本では法律で25倍までに制限されています。海外のFXブローカー（FX会社）では、3000倍というところもあるようです。レバレッジが高いFX会社での取引は、リスクが高いと思われがちですが、最大許容レバレッジが高いことはむしろ良いことです。

ただし、リスク許容度を無視したレバレッジで取引をしてしまうと、ロスカット（強制的にポジションを解消されること）されやすくなります。ロスカットは、含み損がリアルな損失になることでもあります。高いレバレッジを許容し

ている海外のFX会社で取引をする場合、欲求に負けて高いレバレッジでポジションを保有しがちなだけです。

　そもそも、最大許容レバレッジが25倍であっても3000倍であっても、レバレッジぎりぎりでポジションを保有してしまうと、少しでも損失が出るほうに値動きがあれば、すぐにロスカット（強制売却）されてしまいます。

　3000倍まで許容されているからといって、10倍で取引してはいけないことはありません。レバレッジ10倍でポジションを持った場合で、想定とは逆の方向に相場が動いたときに、どこまでロスカットされずにポジションを維持できるかという点では、最大許容レバレッジが大きいほう（つまりレバレッジ3000倍のほう）が有利です。

◉FXの手数料

　FX取引でFX会社の利益の源泉は、主に次の３つあります。

a）売買手数料
b）スワップポイント
c）スプレッド

a）売買手数料

　顧客が売買取引を行うたびに課金される手数料です。トランザクション手数料とも言います。最近では、この売買手数料は無料のところが多いです。

b）スワップポイント

　スワップポイントとは、金利のことだと理解してください。例えばUSDJPYであれば米国の政策金利と日本の政策金利の差（年間利息の差）を日割りしたものがスワップポイントです。現在は米国よりも日本の金利のほうが低いため、USDJPYの買いポジションを保有したまま日付が変わると、わずかですが金利差分がもらえます。

　この金利差に対して課金する手数料が存在します。料率が公表されているわけではなく、FX会社によって付与あるいは減額されるスワップポイントは異

なります。実際の金利と彼らのスワップポイントの差が彼らの収入源のひとつになります。

c）スプレッド

　これは、通貨を両替するときの往復の差です。例として銀行で日本円から米ドルに両替するときのことを考えてみましょう。海外旅行に行ったことのある方は、両替所の窓口に行ったことを思い出してみてください。そこには、複数の通貨との両替レートが表示されているはずです。

　しかし、その両替レートを挟んでT.T.SとT.T.Bのレートも表示されているのではないでしょうか？　T.T.Sは日本円で米ドルを購入する際のレートで、T.T.Bは米ドルを日本円に両替する際のレートです。

　例えば、為替レートが1ドル106.89円だとすると、三菱UFJ銀行の場合T.T.Sは107.89円で、T.T.Bは105.89円です。通常表示されている為替レートは、T.T.SとT.T.Bの中間値でしかなく、実際の取引レートはT.T.SとT.T.Bです。そして、このT.T.SとT.T.Bの差額の2円がスプレッドです。

　このスプレッドをいくらにするかも、FX会社の収入源のひとつになります。これも海外のFX会社のほうが安い場合が多く、0.01BP（ベーシスポイント：1BPの値は通貨ペアの後側に記載されている通貨。USDJPYの1BPは1円だが、EURUSDの1BPは1ドルとなる）というのが海外の主流です。すなわちUSDJPYだとすれば、三菱UFJ銀行は2円のスプレッドに対し、海外のFX会社の多くは1000分の3円〜4円（つまり0.3〜0.4銭）と500分の1以下で提供しています。

◉ディーリングデスク（DD）とノンディーリングデスク（NDD）

　FXの取引を開始するにあたり、FX会社を選ぶ基準としては、前述の3つの手数料のほかに、DDかどうかがあります。FXを始める当初は、ほとんどの人はこの違いを知らずに始めていますが、たいてい後で後悔することになります。

　ディーリングデスク（DD）とは、取引の注文窓口のことです。一方でノンディーリングデスク（NDD）は、窓口を置かず、注文は銀行間ネットワーク（イ

ンターバンク）に直接流されます。窓口があるほうが親切だと思いがちですが、実はそうではありません。

　DDを採用しているFX会社では、多数の顧客が同じ通貨ペアを売り買いしている場合、全ての取引をインターバンクに通さずに、売買注文を集計して差額だけをインターバンクで取引しています。FX会社にとってインターバンクに取引を流すと取引ごとに手数料がかかる（おそらくスプレッドは0.1BPだと推測します）ため、差額だけインターバンクに流すほうがはるかに手数料を節約できるため有利です。

　しかし、それだけであれば、顧客にとって特に不利益にはならないのですが、DDには致命的な欠点が2つあります。

　ひとつは、相場が急激に上下したときに、FX会社は大きなリスクを負うことになります。なぜなら、取引を集計して差額だけをインターバンクに流す場合、注文からインターバンクで取引が行われるまで数秒の遅れが発生するからです。通常時はこの遅れは損失と利益で相殺されるのですが、相場が暴騰もしくは暴落した場合には、この数秒が命取りになります。

　集計が終わって差額だけをインターバンクに流したときには、集計の前提となっていた売買注文のレートとインターバンクで取引されているレートが乖離してしまいます。それにより損失が発生した場合、FX会社がその損失を被らなくてはならなくなります。

　FX会社はそれを防ぐために、顧客からの注文の成立時間を遅らせて（つまりなかなか注文が成立しなかったことにして）インターバンクとのレートの乖離を顧客に負担させることができてしまうのです。この注文成立が遅れることをスリッページと呼びます。

　もうひとつは、ノミ行為です。競馬やギャンブルでは禁止されていますが、FXではどうやら金融庁は禁止していないようです。売り注文と買い注文を集計する際に、インターバンクとはまったく異なるレートで成立させることができてしまうが故に、それを悪用する可能性は否めません。金融庁や会計事務所は、取引の公正性について監査をしていないようです。

　FXというのは、ゼロサムゲームといわれています。つまり、儲かる人がいれば、必ず損する人がいるのです。顧客が勝つと、胴元であるFX会社が負け

るのです。つまり、顧客が利益を出すと、FX会社はインターバンクと不利な取引をしなくてはならなくなり、損を出すのです。

　パチンコ屋と同じ立場だと考えてください。出玉を多くすれば顧客は喜び、取引が増え、手数料が減ります。しかし、多くしすぎるとパチンコ屋は損してしまいます。したがって、小さな勝ちを演出しますが、勝ち続ける打ち手は出入り禁止になったりします。カジノのブラックジャックで、勝ち続けるとプレイ禁止になるのも同じです。

　FX会社は、金融庁の手前、勝ち続ける顧客を取引禁止にはできません。しかし、その顧客の取引だけ、スリッページしたことにして、わざと悪いレートで成立させてしまう、あるいは注文が成立しないままにするといったことはできてしまいます。

　FXを教える先生が多い理由は、実はここにあるといわれています。つまり、勝ちすぎるとそれ以上勝てなくなるため、収入を増やすためには、トレードのノウハウを売るしかなくなるというわけです。

　なお、日本の大手FX会社は、ほぼDDです。注意してください。

●コロナ相場の戦い方

　さて、FXの特徴についてはだいたい上記の通りです。もしこれからFXを始めようという方は、もっと詳しく書かれた書籍を読むか、FXの先生に教わることをお勧めします。

　ここでは、最後にコロナ相場をどう戦うかという点についてだけ書いておきます。

　今回のコロナ相場は、間違いなくファンダメンタルではなく、テクニカル分析に従って投資すべきです。

　ファンダメンタルとは経済的指標や統計情報などを判断材料にする投資方法です。テクニカルはトレンドをローソク足や加重平均などの統計分析によって解析し、予測した動きに従って投資する方法です。

　ファンダメンタルが通用しない理由は、世界中で経済が回っていないのが明らかにもかかわらず、株価が上昇し続けていること、中央銀行が資金を大量に市場につぎ込んでいるにもかかわらず、為替が落ちていないことです。

通常の経済理論とは異なる結果が出ている現状では、経済指標に従って投資判断をするファンダメンタル手法は裏目になりかねません。相場というのは、上げ下げが正しいかどうかではなく、投資家心理で決まります。つまり、皆が上がると思って買えば上がるし、下がると思って買い控えたり売ったりすれば下がるものです。

　そして、ほとんどの投資家がテクニカル指標に基づいて売買を行っているため、同じくテクニカル指標に基づいて投資するほうが理にかなっているのです。

2 ▷ くりっく365

●東京金融取引所が開いた公設FX取引所

　くりっく365は、東京金融取引所が市場を開設・運営しているFXの取引所で、2005年から始まりました。通常のFX会社を通した取引は、業者と投資家が直接取引を行う方法で、DDにしてもNDDにしても、相対取引が基本でした。しかしながら、くりっく365の場合は取引所取引となります。

　特徴は、証拠金の保全を東京金融取引所が行っているために安全であること。スワップポイントが売りと買いで同一のため、分かりやすいこと、税金面のコスト削減です。

　最大のメリットは、税金の扱いです。通常のFX会社の口座で取引をする場合、利益が大きいと最大55%が課税されますが、くりっく365口座で利益を出しても20%で済みます。

　また、FXで利益を出しても先物取引等で損失を出していれば、差し引きした利益が課税対象になるのに対し、通常のFX会社で取引をした場合、先物取引で損失を出していても、FXの利益に対して課税されます。

　さらには、FXで損失を出した場合には3年間その損失を繰越控除できます。具体的に言うと、今年1億円の利益を出していたとしても、昨年と一昨年に5000万円ずつ損失を出していたとすれば、過去2年間の損失の合計を引いた0円が課税対象となるため、税金が控除されます。

　しかしながら、手数料（またはスプレッド）が高いのは、とても残念です。

　1年とか1カ月以上のスパンで取引をする方であればよいのですが、そうで

ないと致命的かもしれません。特に、相場が下落しているときに利益を出す目的の場合、取引スパンは短ければ数分、長くても数日というデイトレードになります。

　取引の度に高い手数料が発生するのでは、利益を出せません。利益を出せなければ税金面でのメリットがあってもあまり意味がありません。

図5−4　くりっく365と通常のFX会社の違い

運営	東京金融取引所		通常の国内FX会社	
口座種類	くりっく365	くりっく365ラージ	店頭取引（DD）	NDD
取引形態	取引所取引		店頭取引	インターバンク直接注文
信託保全	○	○	○	○
レバレッジ	10〜25倍	10〜25倍	〜25倍	〜25倍
最小取引単位	1万通貨単位	10万通貨単位		1000通貨単位
手数料関連				
手数料	0円	片道940円	0円	0円
スプレッド（USD/JPYの場合）	3銭	0.51銭	中	0.2銭〜
スワップポイント	売買同額	売買同額	売買で差	売買で差
税金関連				
課税方式	申告分離課税一律20%	申告分離課税一律20%	総合課税15%〜55%	総合課税15%〜55%
他の運用資産との損益通算	○	○	×	×
損失の3年間繰越控除	○	○	×	×

3 ▷ CFD（差金決済取引）

◉CFDとFXは兄弟

　CFDは、Contract of Differenceの略で、直訳すると「差額の契約」となります。日本語では差金決済取引と訳されています。

　通常、株の取引は、株を購入するにしても売るにしても、全額が対象になり

ます。つまり、1株100円の株を100株買う場合には1万円が必要で、売る場合には1万円が手に入ります。

一方で、CFDでは売った時と買った時の差額だけ支払えばよいのです。先の例では、1株100円の株を100株買うときには証拠金を担保に全額を借入して購入し、101円になったときに売却したときには、差額の1円×100株の100円の利益を受け取るといった具合です。逆に99円で売却したときには、100円の損失を証拠金から返済することになります。

この方法であれば、保有している金額よりも、はるかに多くの株に投資することができます。つまり、レバレッジでの取引ができます。

もちろん、先に売って、後から買い戻す取引もできます。

実際には、売値と買値は同じではなく売値より買値のほうが高くなっているため、同じ金額で売っても損失が出ます。つまり、スプレッドが存在します。

さて、ここまで読むと、FXと似ていると感じたのではないでしょうか？実は、FXはCFDの投資対象が通貨になったものを言います。

◉CFDの投資対象

CFDの投資対象は幅広く、個別株、インデックス（株価指数）、商品（コモディティ）、債券、ETF、通貨（つまりFX）など多岐に渡ります。1つの口座で、株も原油も金も国債も日経225やS&P500、ダウ30等にも投資できます。証券会社によって取扱い銘柄が異なりますが、もしREITをCFDで取引できるところがあれば、不動産にも投資できることになります。

◉先物取引との違い

CFDは、デリバティブ（金融派生商品）の一種で、裏では証券会社が先物取引をしています。それでは、投資家が直接先物取引をするのと、CFDで投資することの違いは何でしょうか？

細かいことを話せばいろいろあると思いますが、先物取引には期限があり、期限に近づくにつれて価格が現物に近づきます。これが原油等のコモディティの場合、期限まで買いポジションを持っていると、その数日後に現物（つまりタンクに入った原油）を受け取りに行かなくてはならなくなります。

逆に期限までに売りポジションを持っていると、原油を持って行かなくてはなりません。そして原油そのものの価格以外に、輸送量や保管倉庫の賃料を負担することになります。

　一方で、CFDには期限がありません。裏で異なる期限の先物商品に切り替えてくれているのです。

◉**市場暴落時にCFDでどうやって儲けるのか？**

　FX同様、市場暴落時には、CFDでは売りポジションから入り、値下がりしたところで買いを入れて決済します。それにより、市場が暴落しているときでも利益を出すことができます。そしてレバレッジをかければ、大きく利益を出すことができます。

図5－5　CFDのしくみ

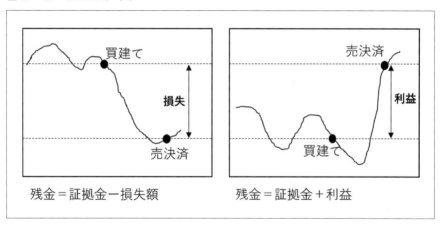

◉**現物取引のヘッジにも使える**

　CFDは、現物取引の損失を補填する手段としても利用できます。例えば、保有していたA社の株が暴落し、まだまだ下がることが分かっている場合に、A社の株を売却せずに、新たにCFDでA社株の売りポジションをつくるのです。これにより、A社株がどんなに下がっても利益を出すことができ、現物株での損失を相殺させることができます。

4 ▷ くりっく株365

●東京金融取引所が開いた公設CFD取引所

くりっく株365は、東京金融取引所が市場を開設・運営しているCFDの取引所で、2010年11月から始まりました。FXにおける、くりっく365のCFD版です。

特徴は、証拠金の保全を東京金融取引所が行っているために安全であること。金利が売りと買いで同一のため、分かりやすいことです。

くりっく365とFX会社との違いに比べて異なる点は、FXの場合には、くりっく365にしか税金面の優遇がありませんでしたが、CFDの場合には、くりっく株365にも通常の店頭取引のCFD会社での取引にも同じ優遇政策が適用されているため、税金面のコスト削減効果は店頭取引のCFD会社とくりっく株365とでは違いがないことです。

●くりっく株365と店頭取引、どちらが優れているか?

店頭取引はCFD会社によって条件が異なるため、一概に全てのCFD会社のほうが優れているとは言えませんが、IG証券を例にとって比較すると、取引できる銘柄はくりっく株365では日経225、NYダウ、DAX、FTSE100の4つの主要インデックス(株価指数)と金ETF、原油ETFだけです(2020年10月25日までは、4つの主要インデックスのみ)。

一方で、IG証券の場合には、約40種類のインデックス(株価指数)に加えて、日本はもちろん米国ニューヨーク市場、ナスダックをはじめとした世界22か国25証券取引所にわたる1万2000銘柄以上の個別株に1株から投資可能です。

さらには、10種類の主要先進国の国債や、ゴールド等貴金属6種類のスポット(現物)と5種類の先物、WTI原油、北海原油、NY天然ガスなどエネルギー6種類のスポットと8種類の先物、農産物は16種のスポットと20種の先物と、さまざまなコモディティにも投資できます。

また、最小取引単位もIG証券のほうが小さそうです。なお、レバレッジについては、くりっく株365の最低必要証拠金額が市場のボラティリティ(価格

変動）によって大きく変わるために、都度比較が必要になります。

　例えば、2020年3月2日時点でのダウ平均の最低必要証拠金は4万5920円でしたが、8月7日には5倍の21万6630円となっています。レバレッジにして56倍から12倍まで下がっていることになります。

　なお、2020年10月26日より、くりっく株365は新たに金ETFと原油ETFの取引が可能になり、最小取引数もダウについては100ロットから10ロットに減ったために、より低予算で取引が可能になりました。

図5−6：くりっく株365と通常のCFDとの違い

運営	東京金融取引所	通常の国内CFD会社
口座種類	くりっく株365	店頭取引
取引形態	取引所取引	相対取引
証拠金保護	保証金額　1000万円	なし
レバレッジ	市場の価格変動（ボラティリティ）に応じて変動。週次で見直し。	株式CFD：上限5倍 株価指数CFO：上限10倍 債券CFD：上限50倍 商品CFD：上限20倍
最小取引単位	最小取引数：10（株価指数）	最小取引数：1
取扱い銘柄	日経225、NYダウ、DAX、FTSE100、金ETF、原油ETF	主要市場の株・ETF、主要インデックス、金、原油等
手数料関連		
手数料	156円／取引単位(SBI証券の塔合)	0円（株式CFDのみ手数料あり）
スプレッド	複数のマーケットメイカーにより提示された価格の中から最小値が適用される	CFD取引業者によって指定
金利相当	売買同額	売買で差 ロンドンの銀行間取引レート士3%
税金関連		
課税方式	申告分離課税　一律20%	申告分離課税　一律20%
他の運用資産との損益通算	○	○
損失の3年間繰越控除	○	○

5 ▷ バイナリーオプション

◉バイナリーオプションとは

　バイナリーオプションとは、一定期間の間にインデックス（株価指数）や通貨ペアなどの銘柄の価格が上昇するか、下落するかを予測して取引する方法です。価格が上がるか下がるかの二者択一なので、素人でも分かりやすく簡単に始められます。

　バイナリーオプションは、後述するオプション取引を組み合わせて、素人でも分かりやすく簡単に投資できるようにした金融派生商品（デリバリー）です。素人でも簡単に投資できるようになっているといっても、理解しやすいというだけで、リスクは決して低くはないので、誤解しないようにする必要があります。

◉プレミアム、判定時間、権利行使価格（ペイアウト）

　バイナリーオプションでは、オプション（上がるか下がるか、レンジ内に収まるか収まらないか）を購入して、判定時間の結果、権利行使価格が得られるか、得られないかが決まります。

　購入価格のことをプレミアムと言います。したがって、予想が当たれば、権利行使価格ープレミアムの金額が利益となり、予想が外れればプレミアムが損失額となります。

　購入価格（プレミアム）は相場の状況によって異なるため、プレミアムが権利価格とほとんど変わらない金額だと、予想が当たっても利益が得られなくなります。

　プレミアムという言葉は、オプションの世界ではオプションの購入代金のことを意味します。日常の生活で使われている意味とは異なるために、違和感があると思いますが、言葉の意味を考えずにそのまま覚えてください。

◉バイナリーオプションの種類

　バイナリーオプションは、上がるか下がるかを予想する取引の他にもバリエーションがあります。一般的には次ページの3つがあると言われていますが、

現在国内業者で扱っているのは1と2だけのようです。

①ラダーオプション
②レンジオプション
③ワンタッチオプション

図5-7　バイナリーオプションの種類

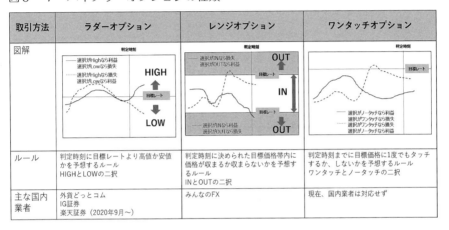

取引方法	ラダーオプション	レンジオプション	ワンタッチオプション
図解			
ルール	判定時刻に目標レートより高値か安値かを予想するルール HIGHとLOWの二択	判定時刻に決められた目標価格帯内に価格が収まるか収まらないかを予想するルール INとOUTの二択	判定時刻までに目標価格に1度でもタッチするか、しないかを予想するルール ワンタッチとノータッチの二択
主な国内業者	外貨どっとコム IG証券 楽天証券（2020年9月〜）	みんなのFX	現在、国内業者は対応せず

①ラダーオプション
　判定時刻に目標レート（目標価格）より高値か低値かを予想する取引です。目標レートより高値になると思えばHIGH、目標レートを下回ると思えばLOWを購入します。予想通りになれば、権利行使価格が支払われます。

②レンジオプション
　レンジオプションの場合には、目標レートが2つあります。判定時刻のレートが、この2つのレートの間に収まるか、2つのレート間の外にあるかを予想する取引です。
　目標レート間に収まると予想したらIN、目標レートの上値より高値か、目標レートの下値より低値になると予想したらOUTを購入します。市場のボラティリティ（変動）の大きさを予測する取引とも言えます。予想通りになれば、

権利行使価格が支払われます。

③ワンタッチオプション

①と②は、判定時刻でのレートが目標レートに比べてどうだったかを予想する取引でしたが、ワンタッチオプションは判定時刻までの間に、レートが目標レート未満に納まる（ノータッチ）か、一度でも目標レート以上に達する（ワンタッチ）かを予想する取引です。判定時刻を待たずに目標レートに達した段階で結果が分かります。

◉バイナリーオプションのメリットとデメリット

バイナリーオプションは、購入価格が1ロットあたり50円～990円の間で購入できるため、大きな資金を持たない人でも始めることができます。また、損失したとしても購入した金額が戻ってこないだけなので、宝くじ感覚で投資できます。

デメリットは、必ずしも利益が出るわけではないことです。単純に確率を考えれば勝率は5割ですが、業者の利益を考慮すると5割は切ることになります。ただし、胴元（この場合業者）の取り分の率は、ギャンブルや宝くじに比べればはるかに低いとも言えます。

6 ▷ 信用取引

◉3.3倍までレバレッジも掛けられる

株の信用取引は、CFDやくりっく株365と同様に、下げ相場でも利益が出せる取引です。CFDと同様に、証拠金（委託保証金）を預ける取引で、売りから入ること（空売り）ができるからです。レバレッジも3.3倍までですが掛けることができます（取引開始時のレバレッジ）。その代わりに追証も存在します（追証が必要になるのはレバレッジ5倍を超えた時点（最低委託保証金率20%））。

株の信用取引とCFDは、非常によく似ています。どちらも証拠金を入れた差金取引で、レバレッジを掛けることができ、買いから始めることも空売りか

ら始めることもできます。

　違いは、信用取引では、保有している株式を証拠金に組み入れることができるところです。例えば、購入した時点よりも大きく下落してしまい売るに売れない状態になったケースや、自ら起業した会社が上場したものの、持分を大量に売却すると株価が暴落しかねないために、売るに売れないケースでは、そういった株式を担保として証拠金に組み入れることができれば、塩漬けになった資産から利益を出すことが可能になります。

　現金を担保とする代わりに株式を担保にした場合の注意点は、担保として差し入れた株式の時価が下がってしまうと、預け入れた担保の価値が下がるということなので、証拠金が足りなくなって追証を積む必要が出てきてしまうことです。特に、市場が一気に暴落するようなケースでは、こうなるケースが多いのです。

　前にも触れましたが、市場が上昇基調のときよりも、下落基調のときのほうが急激に変化する理由のひとつは、この株式を担保に差し入れていることに起因します。証拠金を積むためには、現金をかき集めなくてはならないからです。

◉信用取引とCFD、どちらで取引をすべきか？

　ところで、CFDでも個別株の取引が可能だと「CFD（差金決済取引）」（149ページ）で書きましたが、株を担保に差し入れたい場合でなければ、あまり差があるようには見えません。それでは、信用取引とCFDのどちらを選ぶのがよいのでしょうか？

　次ページの図5－8は、SBI証券の通常の証券取引（現物株）、各種信用取引と、IG証券の株式CFDとで比較した結果（2020年8月現在）です。

　SBI証券は株式CFDを取り扱っていない（くりっく株365）ため、IG証券を比較対象に選びました。

　これを見る限り、小額から始められて、世界中の銘柄から選べて、手数料も安い株式CFDのほうが圧倒的に優れているように見えます（レバレッジについては、最低委託保証金率＝最低維持証拠金率が同じ20％のため、実質的には変わらないと思ってよいと思います）。

図5-8　信用取引と株式CFD

	現物株	制度信用	一般信用 （無期限）	一般信用 （短期）	一般信用 （日計り）	株式CFD （IG証券）
空売り	不可	可能	可能	可能	可能	可能
取扱い銘柄	日米欧を含む世界の株式	東証1部・2部・マザーズ、JASDAQ上場銘柄の一部				日米欧を含む世界の株式
レバレッジ	1倍	3倍	3倍	3倍	3倍	5倍
最低委託保証金	なし	30万円	30万円	30万円	30万円	550円
最低委託保証金率	なし	20%	20%	20%	20%	20%
最小取引単位	1株〜	1株〜	1株〜	1株〜	1株〜	1株
買方金利（年）	なし	2.28%	2.10%〜2.80%	—	—	なし
売方金利（年）	なし	0.00%	0.00%	0.00%	0.00%	なし
貸株料率（年）	なし	1.15%	1.10%	3.90%	3.90%	該当国の基準金利±2.5%
管理費	手数料0〜90円／注文	1株あたり100円／月〜1000円／月	1株あたり100円／月〜1000円／月	1株あたり100円／月〜1000円／月	1株あたり100円／月〜1000円／月	手数料100円〜（国による）／注文
ポジション維持可能期間	無期限	6ヶ月	無期限	15営業日	当日	無期限

7 ▷ 先物取引

◉取引対象は株や債券、インデックスなど多様

　先物取引は、将来の決められた日付（期日）における取引を行うことを言います。取引対象は株や債券、インデックス（株価指数）、為替、コモディティなど多様です。価格は取引時点で確定します。

　もっとも古くから行われていた先物取引は、江戸時代に大阪・堂島で始まったとされている米相場である、というのは、よく知られた話です。1730年には江戸幕府の公認を受けた取引所で、先渡し契約のない（実際にモノが動かない差金取引）商品先物取引でした。

　凶作などが起こると、将来の米価の値上りを見越して先物を買い、豊作などで将来の値下がりが予想されれば先物を売るといった形です。期日における相

場が値上りしていたら、先物を買っていた人は、相場より安く手に入れることができ、現物市場にて相場価格で売却することで利益を出せます。しかし、期日における相場が予想に反して値下がりしていたら、値上りを予想して先物を買っていた人は、相場より高い価格で購入しなくてはならなくなり、損することになります。

　一方、先に売ることも可能で、期日における相場が値下がりしていたら、先物を売っていた人は、期日に安値になった現物相場で買い戻すことで利益を出すことができます。

　先物取引は、現物の引渡しを伴わないタイプだけでなく、現物の引渡しを伴うタイプもあります。その場合、農家は不作が見込まれる場合には、相場での値上りを見越して先物を買っておくことで、不作による収入減をカバーすることができます。

　このように、元々先物取引は、農家や農産物を取り扱う業者が気候や価格の変動に伴うリスクをヘッジするために考えられた取引です。

●先物取引には期日がある

　まだ記憶に新しいと思いますが、原油相場が2020年4月に値下がりし続け、1バレル10ドルを切ったかと思ったら、あっという間に0ドルを下回り、マイナス40ドル近くまで下落しました。

　原油価格がマイナスになったというニュースは驚きをもって報道されていましたが、あれは4月に期日がきた先物の価格です。同じタイミングで5月以降に期日がくる原油先物価格は20ドルを超えていました。このときマイナスになったのは、WTI（西テキサス仲介所）の特殊な事情がありました。

　期日になると原油の現物を引き渡さなくてはならなかったのですが、コロナ禍における原油の需要不足で、原油を引き渡すために一時的に貯蔵しておくタンクを空けることができず、引き渡すことができなくなるため、仕入れたはずの業者がお金を払ってでも別の業者に引き取ってもらいたかったのが原因でした。そうまでしてでも、タンクを空にしなくては、契約不履行になってしまったからです。

　そして、WTIは内陸にあったため、海上にタンカーを浮かべておくだけで

は現物を引き渡したことにならず、タンクを増やすことができなかったのです。

　なお、先物取引における期日を限月といいます。

●CFDと何が違うのか？

　先物取引も証拠金取引で、高いレバレッジを掛けれるだけでなく、売りから入る取引（空売り）もできます。また、期日を待たずに買った先物を売ることも、売った先物を買うことも可能です。

　先物とCFDは似ていますが、異なる点は期日があるかどうかです。しかし、実はCFDは先物の期日（限月）の異なる先物に乗り換えることで、価格が変わらないようにしているのです。

8 ▷ オプション取引

　オプション取引は、将来の決められた日付（期日）において、投資商品を売買する権利を売買する取引です。売買する権利を売買するというのは、直感的に理解がしづらいので、慣れるまで時間がかかると思いますが、要は権利を取引するのがオプション取引です。

　投資商品の対象も先物と同様に、株、債券、インデックス（株価指数）、為替、コモディティと多様です。また期日のことも先物と同様に限月と言います。

●コールオプションとプットオプション

　オプション取引で覚えておかないといけない用語としては、コールとプットがあります。その意味は、

将来のある期日に、取引対象を買う権利をコールオプション、またはコール
将来のある期日に、取引対象を売る権利をプットオプション、またはプット

です。

●オプション取引の種類と組み合わせ

オプション取引には、次のようにコールとプットを売買するため、以下の4つの組み合わせが取引の種類となります。

①将来のある期日に、取引対象を買う権利（コール）を買う取引
②将来のある期日に、取引対象を売る権利（プット）を買う取引
③将来のある期日に、取引対象を買う権利（コール）を売る取引
④将来のある期日に、取引対象を売る権利（プット）を売る取引

●先物とオプションの違い

将来のある期日に取引対象を売買するという点では、先物取引とオプション取引は同じなのですが、オプションの買い取引では、期日になって保有していても権利を行使しない選択ができます。したがって、一度買ったオプションは、限月までに売らずに保有していても構いません。

一方で、先物取引では、期日になってもポジションを保有していたら、その取引を必ず実行しなくてはなりません。つまり、原油を買うポジションを保有したまま限月を迎えたら、取引日に必ず指定の場所で原油を受け取らなくてはなりません。

そのためには、原油を運搬するタンクローリーや保管しておくタンクを用意して取引所に行く必要があります。売りポジションについても同様で、必ず原油を持って、取引所に行く必要があります。それを避けるためには、限月までに反対売買をしてポジションを解消する必要があります。

オプションの買い取引の場合、期日に原油を買う権利（コールオプション）を買い、限月まで保有した場合、限月時点の相場で原油価格が購入価格より値上りしていたら、権利を行使すれば相場より安く購入できます。そして同時に相場価格で売却することで利益を出すことができます（売買価格の差がプレミアムよりも大きい場合）。

反対に、限月時点の相場で原油価格が購入価格よりも値下がりしていたら、権利を行使しないという選択ができます。買う権利を行使しないので、買わなくてよいのです。損失はプレミアムの費用を回収できないだけです。

このような特徴があるため、オプションは先物取引や現物取引のリスクヘッジをする保険のように考えるとよいと思います。

◉プレミアム

バイナリーオプションの項でも触れましたが、プレミアムというのは、権利の購入価格です。上述のようにオプションは、保険のような位置づけだと考えたとき、プレミアムは保険料で、権利行使価格は保険金額と言えると思います。

◉オプションの売りは要注意

先物取引との違いで、オプションの買いは限月まで保有していたとしても、相場が不利な状況に振れたときには権利を行使しなければ安全だと書きました。しかし、これはオプションを購入する場合のみです。オプションを売る場合には注意が必要です。

というのも、オプションの売りの場合、限月が来たら権利行使の是非の判断は購入者側にあるため、権利を購入した側が権利行使をしたら、必ず取引をしなくてはならないからです。なぜなら、オプションの売りとは、相手が決められた価格で売買する権利を売っている＝保障しているからです。

例えば、購入する権利（コール）を第三者に売った場合、権利を購入した側が「ある価格で買う権利」を行使した場合には、コールオプションの売り手はその価格で売らなくてはなりません。

一方で売却する権利（プット）を第三者に売った場合、権利を購入した側が「ある価格で売る」権利を行使した場合には、プットオプションの売り手はその価格で買い取らなくてはなりません。

購入した側が権利を行使するときは、購入した側が有利になる取引なので、当然売り手は損失を被ります。そしてその損失をコントロールすることは売り手にはできません。

そこで、コールオプションを売る場合、通常はすでにその取引対象を保有しているか、期日までに保有する予定をしてオプションの売りを行うことになります。プットオプションを売る場合も、期日までに高値で売却できる算段がついていないとリスクになります。

このような、取引対象を確保している状態でオプションの売りを行う場合はカバード（リスクがカバーされている状態）、取引対象を確保していない状態でオプションの売りを行う場合をネイキッド（リスクが剥きだしの状態）と呼びます。リスクがあるのは、このネイキッドでのオプション売りとなります。

●コールオプションのネイキッド売りは、青天井の損失を被るリスクがある

コールオプション（ある期日にある価格で取引対象を買う権利）を買った人は、相場がその価格よりも上昇していなくては、権利を行使しません。つまり、権利を行使する場合は、市場の価格よりも安い値で購入することができる権利を持っているときだけです。

もし、売り手がこの取引対象を確保していなかった場合、相場価格で仕入れて、相場よりも低い価格で売ることになります。万が一、権利行使価格100円の取引対象を買う権利を売っていたとして、市場が10倍に急騰してしまった場合、1000円で仕入れて100円で売らなくてはならなくなります。損失は9倍です。

実際には数カ月の間に価格が100倍・1000倍に上昇することは考えづらいですが、あくまでも可能性ということでは無限に上昇する余地があります。つまり、コールオプションの売りは、取引対象をすでに保有しているか、決まった金額で保有する予定になっていない限り、青天井のリスクを抱えることになります。

一方で、取引対象が急落したとしても、その下落幅は、もともとの金額以下になること（つまり、マイナスになること）は、ほとんど考えられません。したがって、プットオプション（ある期日にある価格で取引対象を売る権利）を売る場合のリスクは、その取引対象の価格に限定されます。

ただし、WTI原油価格がマイナスになったということは、コモディティについては、必ずしも安心とは言えなくなったかもしれません。株や株価指数については、お金を支払ってでも引き取ってもらいたいようなことは起こり得ないので、心配する必要はなさそうです。

◉オプション取引での戦い方

オプション取引で利益を出す方法はいろいろあります。以下に主な方法を紹介します。

A　購入して権利を行使する

最も単純なオプション取引の方法です。コールオプションかプットオプションを購入し、限月になって相場が有利な状況であれば、権利を行使して利益を得ます。

B　限月内でのオプションの価格変動で儲ける

オプションの売買価格（プレミアム）は、相場の変動に合わせて変動します。限月に近づくに従って、相場価格に近づいてきますが、限月まではいつでも売買することができます。つまり、限月内であれば、いつでも購入したオプションを売却することができますし、空売りしたオプションを買い戻すこともできます。このオプション価格（プレミアム）の変動を利用して、オプションを売買することで利益を得ます。

C　買いと売りの権利行使価格の差で儲ける

これはかなり上級者向けの方法ですが、コールとプットの売買による4種類のオプションをうまく組み合わせることにより、リスクを限定して利益を出す確率を高めることができます。

プロのオプショントレーダーは、これをして利益を出します。しかし、これをやるときには、オプションの買いを先に設定してから売りを設定するようにしましょう。うっかり買いの設定を忘れてしまうと、ネイキッドの売りになってしまうからです。

なお、バイナリーオプションは、証券会社が裏でこの4つのオプションの組み合わせをすることによって、商品が作られています。

9 ▷ アービトラージ

◉アービトラージは、100%勝てる取引

　アービトラージとは、裁定取引のことです。同じ商品をＡ社でもＢ社でも売買しているとします。そこで、Ａ社での販売価格が、Ｂ社の買い取り価格よりも安かったら、あなたはどうしますか？

　分かりやすくするために、古書を例にしましょう。あなたは、ものすごいレアな古書を持っていたとします。そういった古書は、神田の古本屋に持っていけば、高値で買い取ってもらえます。しかし、同じ本の買い取りを商売にしているところでも、ブックオフに持ち込んだらどうでしょうか？　おそらくタダ同然で引き取ってもらうことになるでしょう。なぜなら、ブックオフでは、その古書を買い取っても、売れ残るからです。

　この価格差を利用して利益を出すことを「せどり」と言います。最近では、本や中古品に限らず、価格差を利用して利益を出すことをこう呼ぶようになりました。ブランド品や人気ゲームの新作が発売されたときに大量に購入して、オークション等に高値で販売することが社会問題になったりしています。

　なぜ、この「せどり」が流行っているかというと、ほとんどリスクがないからです。仕入れた瞬間に利益が確定したも同然だからです。

　そして、この「せどり」を金融業界ではアービトラージと呼びます。つまり、アービトラージも価格差を利用するのです。Ａ社で買える価格よりも、Ｂ社で売れる価格のほうが高かったら、Ａ社で購入して、Ｂ社で売却します。同時に行えれば、100%確実に利益が出ます。正直、誰でも利益を出すことができます。

　さて、アービトラージには、いくつものタイプがあります。まずは、一番簡単なものを紹介しましょう。

◉地理的アービトラージ

　同じモノが、場所によって異なる価格で売られているというのは、よく見かけることです。例えば、飲料水はコンビニで買うと安いですが、富士山の頂上で買うと高くなります。もちろん、価格が異なるのは理由があるケースもあり

ます。富士山の頂上で買う水が高いのは、運搬コストが高いからです。

モノの価値というのは、需要と供給で決まります。このどちらも、国や地域によって異なる場合、アービトラージのチャンスがあります。原油もWTIと北海ブレント等、複数の市場があり、価格が異なります。

◉クロスボーダー・アービトラージ

米国の投資家が海外企業に投資するために発達したしくみとして、ADR（米国預託証券）があります。これは、米国以外の株式市場に上場している株を米国市場に上場している株と同じように買えるしくみで、日本の証券会社からでも投資することができます。

このADRですが、ある国の株を別の国で取引できるようにしたことで、いくつか差が生まれる場所ができます。

例えば、三井物産株のADRはNASDAQで取引されています。第一に、日本市場での三井物産に対する評価と、米国人が米国市場で下す三井物産に対する評価は異なるため、株価には違いが出るはずです。

次に、日本では三井物産株は当然日本円で取引されています。一方、三井物産ADRは米ドルで取引されています。そこには、どこかの時点での為替レートが適用されているはずで、それは現在の為替レートとは異なる可能性があります（普通は異なります）。

このような違いにより、価格差が生まれます。この価格差は、常に変動しています。大きな差が生じていることもあれば、ほとんど差が生じていない場合もあるでしょう。しかし、注意深く継続的に観察することで、大きな差が生まれた瞬間を逃さずに売買できれば、利益を出すことができます。

◉デュアル－リステッド・アービトラージ

これは、2つの市場に上場している株の間の価格差を狙うアービトラージです。クロスボーダー・アービトラージと似ていますが、現物株を海外に持っていけるという意味では少し違いそうです。

日本企業でも、ソニーやホンダ、MUFGなどが、東京証券取引上だけでなくNYSE（ニューヨーク証券取引所）にも上場しています。日本と米国では、

それぞれの企業に対する評価が違うため、価格差が生じます。

　さらには、コロナ禍で日銀が日経平均のETFを購入していますが、これにより東京証券取引所でソニーやホンダ等の株が買われているため、それらの銘柄の東京市場での価格は、当然ニューヨーク市場よりも株価が高くなります。米国で購入した株を東京市場で売ったら、理論上は利益が出るはずです。

◉為替におけるアービトラージ

　外国為替は、1日に4兆円以上取引がある、もっとも取引規模が大きいことで知られています。また、ドル円やユーロドルなどは世界中で取引されるため、相場は24時間変動しています。つまり、アービトラージの機会が大きいということです。

　為替におけるアービトラージの機会はさまざまなところで生まれます。まずは銀行間の取引レートの違いを説明します。

　FXの説明のところで、インターバンクという用語が出てきたのを覚えているでしょうか？　為替取引では、売値と買値が異なります。この差をスプレッドと呼びます。そして、為替取引は銀行間の相対取引が基本となります。

　例えば、日本の企業が米国企業からある商品を輸入したいとします。日本企業はドルで支払をするために、事前にドルを用意しなくてはなりません。そこで日本の銀行に行って、円をドルに両替します。

　しかし、銀行も両替を行うためには、あらかじめドルを持っている必要があります。日本の銀行は、日銀から円を借りることで円の調達は容易にできますが、ドルは米国の銀行から購入しないといけません。そこで、米国の銀行に円とドルの交換を打診します。

　米国の銀行でも、日本円を必要とする米国企業の要求に応えるために、日本円を調達しておく必要があります。そこで、日本の銀行からの打診を快く引き受けます。つまり、円とドルの交換は、銀行同士の1対1の取引で行われます。この1対1の取引を相対取引と呼びます。

　このように、大銀行は、外貨を必要とする顧客や他国の銀行のために、他国の通貨と自国通貨との交換を行うのですが、この価格は常に交渉で決まるため、常に変動しています（この変動を利用して利益を出そうというのがFXです）。

そして、この価格は銀行間の交渉で決まるため、例えば三菱UFJ銀行とバンクオブアメリカとの間のレートと、みずほ銀行とシティバンクとの間のレートは、異なるのが普通です。

そして、各銀行は、大口顧客には交換レートを公表しているため、企業が両替を行う場合には、銀行に交換レートを問合せて、有利なところで両替しています（もちろん、銀行が、全ての企業からの問い合わせにいちいち答えてくれるわけでもなく、取引の多い商社や証券会社など一部の企業に限られています）。

また、銀行と直接為替の取引ができない企業は、FX会社などの証券会社や為替ディーラーを通して銀行に注文を出します。この中間事業者間でも価格が異なるため、ここでもアービトラージの機会が生まれます。

そのほかにも業者間のスワップポイントの差を利用して、買い注文のスワップポイントが高い業者で買い注文を出し、売り注文の時に発生するマイナスのスワップポイントが小さい業者で売り注文を同時に出すことで、為替の変動リスクを抱えずに金利差で利益を出す方法もあります。

●現物市場と先物市場の差を利用するアービトラージ

株や株価指数、貴金属等、先物市場があるものについて、現物市場と先物市場では価格が異なります。先物価格が割高になっている銘柄を見つけたら空売りを行い、同時に現物で同じだけ調達しておくことで、注文を出したタイミングで利益が確定します。

●3角アービトラージ

3角アービトラージは、為替のように、USDJPY、EURUSD、EURJPYを同時に売り買いすることで、それぞれの為替レートの違いから利益の生まれる価格差を利用して、利益を出す手法です。為替だけでなく、仮想通貨も同じようなことができます。この3角アービトラージは、単一の取引所や業者内での取引で行えるため、手間が少ないやり方です。

しかし、それぞれの価格が絶えず変動している上に、複雑な組み合わせの中から、利益が生じる組み合わせを見つけるには、高速に計算処理を行ってくれるシステムが必須になります。

◉プレイヤーが増えると勝てなくなる

　このようにアービトラージは、必ず勝てるゲームであることから、一部で注目を浴びたこともありました。例えば、サッカーくじtotoに代表されるスポーツの勝敗を予想して賭けるスポーツベッティングという分野でのアービトラージです。以前、ある業者がこのスポーツベッティングでアービトラージのサービスを提供していたものの、結局はポンジスキームだったという事件が起こりました。

　私は、この業者の運営側にいたわけではないので分かりませんが、利益を約束して顧客からお金を集め、アービトラージによる利益の一部を顧客に配当するというタイプでは、騙すつもりがなくても、参加者が増えるに従って、アービトラージで思うような利益が出なくなり、結果的に自転車操業になって破綻するという構造に陥りやすいのです。

　その理由は、アービトラージは価格差で利益を生み出すゲームなのですが、アービトラージの取引をすると、価格差が縮まります。もちろん、市場の大きさに対してアービトラージで取引する量が少なければ、まったく問題がないのですが、為替や株のアービトラージ等は機関投資家やヘッジファンドが大きな資金をつぎ込んでアービトラージを行うため、すぐに差が埋まってしまいます。そして、いまでは、コンピュータ同士で価格問合せと売買が行われるため、ますます差が縮まるまでの時間が短くなっています。

　このように参加者が増えるにつれ、その価格差が縮まる速度も速くなっていきます。スポーツベッティングのような規模が限られている市場に、参加者が一定以上を超えてしまうと、よほど他のプレイヤーに比べて高性能なコンピュータとネットワークがない限り、あるいは一般に公開されたインターネット上の窓口ではなく、取引所のメインのコンピュータに直結できた業者でない限り、この戦いには勝てなくなってしまいます。

第6章

▼

幅広い
アセットクラスを
検討する

◉現金は、10年後、実質的には半分以下に目減りする

　コロナの影響で、しばらく経済は停滞することが予想されるものの、政府と日銀がタッグを組んで、大量に紙幣を刷り、東証に上場している企業の株を購入しているだけでなく、国債を購入し、民間にお金を配布しているため、今後は必ずインフレが進みます。

　しかし、ハイパーインフレになるかというと、私はそうはならないと思っています。なぜなら、米国でもEUでも同じようなことをしているからです。日本だけが無尽蔵に国債を発行しているのであれば、円安が進み、輸入に頼っている物資（製造業の原材料や原油・天然ガスなどの燃料、家畜の飼料や農作物の肥料など）が高騰し、物価が跳ね上がるということも考えられますが、米国でもEUでも同じ状況のため、円だけが価値を下げることはないでしょう。

　とはいえ、インフレはじわじわと進むに違いありません。今後30年くらいかけて10倍くらいの違いになるかもしれません。10年で、あらゆるものの価格が2倍になると聞いても驚きません。

　アフターコロナの世界では、モノに対してお金の価値は急速に減少していきます。したがって、現金で資産を保有しておくと、10年後には実質的に半分以下に目減りしてしまうことになるでしょう。つまり、何かに投資しなくては、資産を増やすどころか失うことになります。

　一方で、私たちは世の中が激変している時代の真っただ中にいます。電気のなかった時代から電気がある今の時代に変化した以上の変化が起こりつつあるのです。そのような変革期の中では、いま元気のある企業であっても消失してしまうことは十分に考えられます。

　例えば、製造業としての自動車産業は消え去ろうとしています。金融業もFinTechスタートアップのみならず、AmazonやGrab、FacebookのようなFinTechを利用した異業種の企業に脅かされつつあります。エネルギーも激変していきます。オイル需要は10年以内にピークを迎えると言われています。

　不動産についても、心配事は尽きません。テレワークが普及し、AR技術が発展していくにつれ、移動の必要性が薄れていきます。そうなったとき、いま需要の高いエリアが10年後も同じような需要があるとは限りません。

　このように、不確定要素がとても大きい時代に私たちは置かれています。こ

のような場合は、これまで紹介してきた金融資産への投資だけでは、資産を増やすことも守ることもできない可能性があります。

それに対して備えておくとしたら、幅広いアセットクラスに投資をしておくしかないでしょう。

1 ▷ 太陽光発電所

◉年10%程度の利回りを20年間享受できる数少ない投資

一時は、とても注目を浴びていた太陽光発電ですが、国の固定買取価格制度（FIT）の買取価格が年々減る中で、魅力が減ってしまったと考える方は少なくないかもしれません。しかしながら、いまでも年10%程度の利回りを20年間享受できる数少ない投資です。

太陽光発電所は、用意した土地に太陽光パネルとそれを置くための架台、そして発電した直流電源を交流電源に変換して系統につなぐパワコン（パワーコンディショナー）を設置することで始められます。土地については、自分で用意することもできますが、すでにFITの買取価格の権利を保有している事業者が用意する土地を借りることも可能です。

FITの買取価格は年々下がっているものの、過去に権利を得た業者の買取価格は、その権利を得た年の価格が維持されます。したがって、24円で買い取りしてもらえる権利を保有する業者から土地を借りて投資すれば、いつ開始したとしても24円での買取が維持されます。

また、パネルやパワコンの販売価格は年々価格が低下しているため、買取価格が高かった昔と比べても、さほど利益率が変わらないという面があります。

さらには、賃貸物件の不動産投資と同じように銀行がお金を貸してくれるため、レバレッジ10倍くらいで投資をすることもできます。例えば初期費用の総額が2000万円の太陽光発電所に対して自己資金は200万円もあれば投資ができます。

このように、土地を借りて、銀行や信販会社から融資を受けて太陽光発電所に投資をした場合でも、家賃や利息を払っても十分にお釣りがくる程度の収益が得られます。そして、突発的な事故や故障がない限り、ほぼ20年間固定的

に利益を得ることが保障されているのです。

このような投資をこれから始めようという方向けに、ワンストップで情報提供を行っている、太陽光発電ムラ市場（ https://ichiba.solar-club.jp/ ）というWebサイトがあります。

ここでは、土地付きで投資案件を紹介していたりもします。執筆時点で確認したところ、FIT買取価格24円が2040年3月まで保証されている案件がちょうど紹介されていました。土地も含めた表面利回りが10.4％で、2500万円の投資（頭金は10％とすれば250万円が必要）案件です。

ここでは、ローンの種類や借り方、収益をより高くするためのアドバイス、中古発電所の売買やメンテナンスについてのアドバイスなど、かなり充実した情報が手に入るため、興味を持った方は、一度アクセスしてみてはいかがでしょうか。

2 ▷ ソーシャルレンディング

● 大勢の投資家から少額ずつを集め、事業者に融資するサービス

太陽光発電には興味はあるけれど、借金をして長期的な投資を行うのは怖い。そう考えている方には、太陽光発電所に投資をする事業者に資金を貸し付ける方法もあります。

例えば、SBIソーシャルレンディングが提供しているSBISLメガソーラーブリッジローンファンドでは、大規模太陽光発電所を建設し、第三者に売却する事業を行っている事業者に、建設費を貸し付ける商品です。

もちろん、一人で全額を貸し付けるのではなく、SBISLが少額の貸主を束ねて数億円規模にして、事業者に貸し付けるのです。返済期限は1年で、事業者は返済期限までに建設を終えた太陽光発電所を第三者に売却したお金で返済します。

このように、大勢の投資家から少額ずつを集め、事業者に融資するサービスのことを、ソーシャルレンディングと言います。ソーシャルレンディングは、一般の投資家からお金を集めるという面では、クラウドファンディングの一種で、いわゆる貸付型クラウドファンディングに分類されます。クラウドファン

ディングで集めた資金を、対象とする企業やプロジェクトに出資ではなくて貸し付けるのが特徴です。

　ソーシャルレンディングを行っている企業は、SBI ソーシャルレンディングの他にも、ミュージックセキュリティーズ、クラウドバンク、クラウドクレジット、CAMPFIRE Owners、NEXT SHIFT FUND など、いくつかあり、それぞれが特徴のある分野で貸付を行っています。

　貸付対象は、太陽光発電事業への貸付の他にも、不動産開発事業や不動産を担保にしたローン事業への貸付、物流施設や商業施設向けのファンド、新興国へのマイクロファイナンスへの貸付などがあります。

3 ▷ トランクルーム投資、コンテナ投資

　不動産の土地活用の手段のひとつとして、駐車場の他に、自動販売機の設置がありますが、それ以外にも、トランクルームやコンテナ倉庫への投資があります。これらは、荷物を預けるためのスペース貸しの事業への投資となります。毎月の利用料が収益となるため、月極駐車場やアパート経営に似たところがあります。

◉屋内につくるか、屋外につくるか
　トランクルームには、ビルやマンションの中の部屋や空きスペースを区切ってトランクルームとして貸し出す方法と、屋外にコンテナを設置して（中を区切る場合も、区切らない場合もある）貸し出す方法があります。

・屋内型のビジネスモデル
　屋内型の場合、初期費用は物件の契約にかかる初期費用（自己所有の場合はゼロ）と、中を区切って鍵などを設置する改装費用です。改装費用は規模にもよりますが、300万円程度から始められそうです。

　一方で、ランニングコストは物件の賃料と、契約受付や管理を行う費用となります。

・屋外型のビジネスモデル

　屋外型コンテナ投資の場合、専用のコンテナを空いている土地に設置して、倉庫として貸し出すことになります。

　初期費用は、コンテナを丸ごと１つ貸す場合にはコンテナの購入費用と設置費用となります。中古の海上コンテナは20 〜 30万円くらいで売られていますが、改装費のほか、コンテナを設置する場所までの輸送費（トレーラーで運ぶ必要があるため）と設置費（クレーンが必要となる）が結構かかります。

　輸送費は、港からの距離によって金額が大きく異なるので、コンテナ港から近いところは安く上がります。

　また、コンテナを大きく改造していなければ、中古コンテナ自体の価格は大きく変動しないため、転売先を自分で見つければ撤退する場合でもコンテナ費用は戻ってきます。だいたい総額で200 〜 300万円くらいで始められるのではないでしょうか？

　一方で、ランニングコストは、土地代（保有している場合は固定資産税）と管理運営費用となります。

◉ 運営方法にもいろいろある

　トランクルームやコンテナ倉庫の運営は、どこまで業者に任せるかによって、利益率が異なります。トランクルームやコンテナ倉庫の運営方法は、大きく４種類あると言われています。どこまでを自分で行うかの違いで、当然自身の関与が大きいほど利益率は上がります。

①個人運営

　コンテナや設備の改装の手配から管理まで全て自分で行う方法です。つまり、全て自分で行うということです。

②業務委託

　コンテナの設置や改装、経営は自分で行うものの、細かい業務は業者に委託する方法。つまり基本的には自分で行うものの、一部の業務を業者にやってもらう方法です。

③リースバック

　設備の用意は自分で行うものの、あとの運営は業者に全て任せるという方法です。自分の土地にトランクルームを建てた後、トランクルーム業者に全て運営してもらうというものです。集客も管理も業者が行うことにより手間がかからない一方で、利回りは低くなります。

　また、文字通り初期費用もリース会社にリースバックすることで、月額費用に変えることもできます。

④事業用定期借地

　トランクルーム業者に対して、土地だけを定期借地する。単なる不動産賃貸業とも言えます。

4 ▷ コインロッカー投資、宅配ロッカー投資

◉ トランクルームやコンテナ倉庫投資との違い

　トランクルームやコンテナ倉庫と同じような空間ビジネスには、コインロッカーや宅配ロッカーへの投資もあります。コインロッカーや宅配ロッカーへの投資が、トランクルーム等と違う点は2つあります。

①土地がなくてもよい

　トランクルームやコンテナ倉庫の投資を行うには、まず空いている土地や物件を用意するところから始まりました。全てお任せといっても、土地を提供する必要がありました。コインロッカーや宅配ロッカーへの投資は、純粋にお金を振り込むだけで投資ができるものもあるところが簡単です。

②月極ではない

　トランクルームやコンテナ倉庫は、基本的には長期間にわたってモノを保管する用途に対してスペースを貸しているため、店子が決まれば安定した収益が入ってきます。しかし、店子が決まるまでに時間がかかるという欠点もあります。一方で、コインロッカーや宅配ロッカーは、数時間〜1日、長くても数日

の利用を前提としているため、需要のないところに設置しても安定しませんが、需要があるところであれば収益性は高くなります。

●コインロッカー投資の詳細

コインロッカー投資は、人通りの多い駅や街頭、商業施設などにコインロッカーを設置して、その利用料を得るビジネスに投資するものです。トランクルームやコンテナ倉庫に比べると初期投資が少なく、一度設置すれば365日24時間稼働するために、副業としても人気です。

投資の方法としては、リース型とフランチャイズ型に分類できます。

リース型は、土地の所有者が設置会社に土地を提供するというもので、コインロッカー本体代金や設置費用は運営会社が負担し、設置後の維持管理や運営は運営会社が行います。売上から、運営会社とコインロッカーの設備費用を引くと、得られる利益は売上の30～40％ではないでしょうか。

一方で、フランチャイズ型は、運営会社とフランチャイズ契約を結ぶ投資で、土地を所有していなくても始めることができるとして人気です。土地を提供しない代わりにコインロッカー本体などの設備費用とフランチャイズ加盟金を支払うことで、ビジネスを開始できます。

初期費用は200～300万円です。フランチャイズ型の場合、得られる利益は売上の40～50％のようです。

コインロッカー投資の特徴は、1日に何度も利用される可能性があること、1つのコインロッカーに複数の箱があることです。したがって、スペース収益性が高いと言えます。

例えば、1箱500円で利用できる10箱入りのロッカーを導入し、1日1箱あたり平均3回利用されるような利用頻度の高いものに投資した場合、1日あたり1万5000円の売上になります。つまり1カ月で45万円の売上となり、粗利率が50％とすれば毎月の収益は22万5000円／月となります。もし初期費用が300万円だとすると、14カ月目に資金回収できることになり、以後は利益となります。

●宅配ロッカー投資

　宅配ロッカー投資は、文字通り、いま社会問題になっている宅配ロッカー不足を解消するために考えられた新しいビジネスです。SPACER（スペースアール）という企業がやっているサービスで、スマホだけで鍵の開け閉めができると同時に、キャッシュレス決済ができます。

　コインロッカーと似ているように思えますが、最大の特徴は予約ができるところにあります。これにより、どうしてもその時間帯で受け取りたいときに、あらかじめ予約しておくことで、宅配業者が空きがなくて持ち帰るしかなかったということがなくなります。

　投資家が投資する対象は、宅配ロッカーと設置費用などの初期費用部分です。宅配ロッカーの初期費用は宅配ロッカーだけでも200〜300万円となるものの、コインロッカーよりも細かい時間単位で課金できるため、収益機会は大きそうです。

　売上の分配比率は、ロッカーのオーナーが50%、土地の提供者が15%、メンテナンス業者が15%、企画・運営を行っているSPACERが残りの20%となっているようです。

5 ▷ アンティークコイン投資

●IT長者や、新興国の金持ちも参画

　アンティークへの投資と聞くとなにやら怪しげですが、少し考えると非常に理にかなっているのがアンティークコインへの投資です。いわゆる金貨です。金貨の価値は、ある程度金（ゴールド）と連動します。溶かせば金（ゴールド）になるので、金（ゴールド）の価格以下にはなりません。

　日本では、江戸時代まではいわゆる大判・小判が有名です。もちろんそのような過去に流通していた通貨も価値は高いのですが、希少すぎてとても手に入りません。投資対象となるのは、記念通貨としての金貨です。記念通貨も、発行枚数が限られているため、コレクターによるコレクションの対象となり、金（ゴールド）の価値にさらに希少価値が上乗せされます。

　そして、アンティークコインというからには、最近発行されたものではあり

ません。一般的には100年以上前に発行されたコイン（金貨や銀貨）を指すようです。そして、こういったコインは全世界に20万種類もあるとのことです。

アンティーク性だけを考えれば、金貨や銀貨でなくても構わないのですが、元々の価値を考慮するとやはり金貨や銀貨にこだわって投資するのがよいのではないかと思います。これらは、紛失などで減ることはあっても、増えることはありません。

そして、急増しているIT長者や、新興国の金持ちも、アンティークコインのコレクションというゲームに次々と参画してくるため、価格は年平均125%でどんどん上がっていくのも容易に理解できます。

◉アンティークコインのメリット

①携帯が容易
アンティークコインの特徴のひとつは、宝石と同じように携帯が容易だということです。例えば、金（ゴールド）を換金する際の手数料は、インゴット（金の延べ棒）がもっとも安価で、軽くなる（サイズが小さくなる）につれて手数料が高くなります。

例えばジンバブエやアルゼンチンなどの国でよく起こっているようなハイパーインフレが起こると、現金に価値がなくなるために、資産を保全するには金（ゴールド）が優れています。しかし、さすがに金（ゴールド）を持ち歩いて食べ物等と交換するわけにはいきませんから、どこかで現金化して、その現金でモノを買います。

その際に、手数料が安いからといって、インゴットを現金化してしまうと、その現金を使いきるまでの間に、現金の価値はみるみるうちに目減りしていきます。一方で、これが金貨であれば、金（ゴールド）の含有量は少ないため、余程の希少なコインでないかぎりは、インゴットよりもはるかに安価なため、少しずつ換金するのには向いていると思います。

②国際的な換金性
アンティークコインを取引できる人は限られていることから、アンティーク

コインを売買できる場所もどこにでもあるわけではありません。しかし、どこの国に行っても高い価値がつくことは間違いありません。しかも前述のようにとても小さく携帯性に優れるため、海外に移動させるには最適とも言えます。財布に入れて飛行機に乗ればよいだけだからです。

③劣化しづらい

　金貨であれば、錆びることはありません。銀も硫黄にさえ気をつければ黒くなることはありません。また、最近はプラスチックのケースに入れて取り扱うため、汚れたり傷がついたり欠けたりすることもありません。紛失や火災などの災害などに気をつけていれば、何百年もそのままで保管できます。

④税金対策

　アンティークコインの売却によって利益が出た場合の税金は、総合課税となりますが、課税額は、売却額―購入額―諸費用―50万円と、50万円が控除されます。また、長期間（５年間以上）保有してから売却した場合には、上記の金額の半分が課税対象となります。総合課税と言いながらも、課税対象が利益（控除額50万円をカウントしないとしても）の50％に割引されるため、他の収入に対する税額よりは低くなります。

⑤価値が上がる

　前述の通り、平均して毎年25％ずつ市場価格が増えていくというのは、単利による単純計算でもわずか４年で倍になることになります。

　以上のようなメリットがアンティークコインにはあります。そして、金（ゴールド）以上にインフレに強い通貨となります。

6 ▷ ランドバンキング

●土地を購入して長期間寝かしておく投資方法
　幅広いアセットクラスを紹介するという流れでは、ランドバンキング投資も

紹介しておきたいと思います。ランドバンキングとは、もともと現在はまだ安価ですが、将来値上りをすると思えるような土地を購入して長期間寝かしておく投資方法のことです。したがって、投資から回収までの期間は通常10年以上かかります。

　しかし将来値上りすることが分かっているのに、安価（つまり人気がない）土地を見つけるのは、とても困難です。特に大都市の通勤圏の住宅地となると、自然保護区になっていない農地や原野でもない限り、安価では買えません。しかし、こういった農地や原野は、日本だけでなく米国などの先進国でもむやみに開発してはいけないことになっています。

　そこで、行政と緊密に結びついて開発計画を提出し、承認してもらうことで、そうした農地や原野を開発できる状態にして、高く売るという投資方法をする企業が出てきました。そのひとつが日本でも有名なウォルトン社です。

　ウォルトン社が提供するランドバンキングの例としては、カナダのオンタリオ州の案件が有名です。トロントからクルマで1時間以内の立地にある原野を購入し、証券化して、分割して投資家に販売しています。彼らは、投資家から得た資金で、住宅地の開発計画を作成し、行政に掛け合って承認をもらいます。通常、ここまで10年以上かかります。

　そして、開発計画に承認が下りたら、デベロッパーに取得した土地の金額の2〜3倍くらいの金額で売却します。その土地を購入したデベロッパーは、その土地を開発（造成）し、区画に分けて登記することで、区画単位で住宅地を販売します。そこに住宅メーカーや建築会社が住宅を建築し、消費者に販売するというわけです。

　別の例としては、すでに住宅地として造成されている土地で、人口増により住宅需要が高いにもかかわらず供給が少ないエリアにある宅地が、何らかの事情により破格の値段で売られているケースです。私もフロリダにこのような土地を7区画保有しています。

第 **7** 章

▼

新しい世界経済に
備える

●訪れる大増税時代と、資金の国内封じ込めにどう対応するか

　このコロナがもたらしたものは、経済の分断と国家予算の破綻です。数回に
わたる世界的なロックダウンにより、多くの産業が停止しました。ロックダウ
ンにより工場は働き手を失い生産が止まりました。国境が閉鎖されたために、
海外旅行はほぼゼロになりました。航空機の便数は大幅に減り、パッケージツ
アーは全て中止、ホテルは宿泊客が1割以下に減っています。飲食店は閉店せ
ざるを得ず、多くの人が外出を控え、家にこもるようになりました。

　政府は、企業に在宅勤務を依頼し、多くの会社員が在宅勤務を余儀なくされ
ました。都心から人混みが消え、多くの店舗から顧客が消えました。

　こうした経済の停止により、ヒトも企業も資金が枯渇するところが出てきま
した。そこで、国は大盤振る舞いをしました。個人には十分とは決して言えな
いものの、生活に必要な資金を給付金という形で配布しました。企業にも、倒
産して失業者を大量に出さないように、給付金や補助金、助成金を配っていま
す。国家予算の60％もの補正予算が組まれ、ばら撒かれています。

　それでも、多くの人が職を失いました。飲食店や小売店への客足が減れば、
アルバイトも不要になります。正社員を維持するだけでも大きな負担が強いら
れ、非正規社員を雇い続ける余裕はありません。

　これは、世界中で起きていることであり、日本はかなりマシなほうです。日
本ではロックダウンと言っても強制力はなく、しかも早々に制限を緩めていま
す。例えばフィリピンでは、3月から半年以上ロックダウンが続きました。こ
の国では、未成年と60歳以上の高齢者は完全に外出禁止だったそうです。そ
して、安易にロックダウンを守らずに外出すると射殺される状況です。蓄えの
ない都市生活者は、収入の術を得ることができず、多くの労働者は田舎に帰っ
ていると聞きます。

　しかし、諸外国に比べればはるかに状況の良い日本ですら、多くの人が蓄え
を失い、8万人近くがコロナが理由で職を失いました。昨年と比べた完全失業
者数は34万人も増加しています。まだ職を失っていない人も、経済がすぐに
回復するわけもなく、赤字を垂れ流して経営を続けることになるでしょう。そ
れに対して、国はどこまで歳出を増やして、お金が滞っているところにお金を
注ぎ込むことを続けられるでしょうか？　いつまでも続けてほしいものの、そ

ういうわけにはいきません。

　日本の借金は1000兆円を超えており、すでに返済できる状態にはありませんでした。にもかかわらず、さらに200兆円もの資金を国民にばらまきました。これ自体は、悪い政策ではありません。実際に世界恐慌のときも米国は同じことをやっていますし、今回も同じことをしています。

　しかし、どこかのタイミングで、国はこの借金を減らすために、お金のあるところからお金を搾り取ることを考え出すに違いありません。それは歴史が証明しています。すなわち、大増税時代の到来です。それは、この不況下にあって利益や所得を上げている企業や個人から徴税することは間違いないでしょう。

　そして、富を持つヒトから徴税するために、国の外に資産が出るのを阻もうとする力がますます強くなるでしょう。国外に投資することは、将来日本に収入をもたらすことに繋がるにもかかわらず、短期的なことしか考えない役人がそれをつぶしにかかるからです。すでに、コロナが発生する前からこういった動きになっていました。コロナはそれにますます拍車をかけることでしょう。

　この章では、これから訪れる大増税時代と、資金の国内封じ込めに対しての対策について考えていきます。歴史は繰り返すと言われますが、過去、世界中で同じようなことが起こりました。その時、うまく立ち回ったものはますます富を得ることができ、凡人は富を失ってきました。

　すなわち、金持ちは、こういった時に資産を守る術を知っていて、備えていて、いざというときには資金を逃し、複利の効果で殖やすことに成功しています。あなたも、こういった知識を知っておくべきだと考えています。

1 ▷ 大増税時代に備える

◉法に則っていかに税金を減らせるか

　かつて国が国民や企業にこれだけのお金をばら撒いたことはあったでしょうか。そうでなくても国の借金は雪だるま式に膨れ上がり続けていたにもかかわらず、少子高齢化でGDPは下がるしかなくなっている国が、新たに信じられない金額の借金を作ったのです。いつかとばっちりが来るに違いありません。

　実は、今回発行された国債の多くは、日銀がお金を刷って買い取っているた

め、借金を返すために徴税する必要はありません。しかし、そうは考えない役人がいます。それは、いわゆる大学などで教わってきた経済学ではないという理由と、本質を考える習慣を放棄した官僚たちによって政府が牛耳られているからです。

日銀がお金を刷って国債を買い取っているから大丈夫だという考えに対し、おそらく経済学の専門家たちは大反対を唱えるでしょう。私は経済学の専門家ではないので、そういった常識を鵜呑みにしません。必ずそういった常識が出来た背景を考えます。そのような常識が成り立つ条件がいまも満たしているのかを考えます。

そして、それが大丈夫なことは歴史が証明していると、世界最大のヘッジファンドの創業者であるレイ・ダリオは言っています。彼によると、少なくとも米国では、20世紀にこれが2回起こっていると言っています。

ひとつは世界恐慌のときにローズベルト大統領が就任して間もなく金本位制を廃止し、もうひとつは1971年にニクソン大統領が戦後に確立されていたドル・金本位制を廃止すると宣言したときです。

これまで米国の中央銀行が発行するドルの量は、金の保有額で上限が決まっていましたが、これを廃止したのです。つまり、保有している金の量を超えて、紙幣を印刷しまくったということです。しかし、これら2回の金融政策によって米国の経済は混乱から立ち直っています。今回、米国でもこの金融政策を実施しました。3回目です。

もちろん、緊急事態だけのことで、常時これをやってよいということではありません。おそらくこれから強烈なインフレが起こるでしょう。そして、この金融政策をとると、円の価値が相対的に下がり、円安が進むものです。

ニクソンショックのときも、ドルの価値が相対的に落ちているにもかかわらず、固定相場制でドル高が続いたことで、アメリカの産業は壊滅状態でした。日本製やドイツ製の家電やクルマが米国製を破産へと追いやったのです。そこでアメリカはそれまでの固定相場制を変動相場制に変更し、1ドル360円だったものが現在の100円台になっているわけです。

ところで、今回円安が起こるかについてですが、米国でもEUでも同じことをしているため、この3国間のレートは大きく動かないはずです。英国も同様

です。

　もちろん、中国や新興国の通貨が高くなる可能性は否定できません。しかし、おそらく中国も同じことをしているでしょう（政府の発表内容がまるで信頼できないので、想像するしかありません）。

　新興国についても、このロックダウンで経済は先進国以上に壊滅状態と聞いています。通貨を発行しなくても、モノ不足でインフレが始まるはずです。もしかしたら、どの国もジンバブエやアルゼンチンのようにハイパーインフレになる可能性だって否定できません。それぞれの国の政策はそれぞれの国で異なりますから、ひとくくりに話しても意味がないのですが、いずれにしても未来は想像するしかありません。

　以上から、私個人の見解は、今回新規で発行した国債（政府の借金）は返す必要がないので、増税しなくても国家破綻することはないし、急激な円安になってそれによる輸入品の物価が上がることもないというものです。

　しかし、税収が増えることを勝利と考える財務省の役人たちは、本来当てはめてはいけない経済理論を振りかざして何が何でも増税してくるでしょう。その増税は、もっとも効果的なのは消費税ですが、国民の人気で動く政治家がそれを許すことは困難です。

　一方で法人税という形で企業から取ろうにも、それが理由で企業が国際競争力を失って、他国に産業を乗っ取られるリスクが高いため、それも限界があります。そうでもなくても、日本の法人税率は他国に比べて高額なので、これ以上上げる余地は少ないでしょう。そうなると、取りやすいところから取ろうということになります。タバコ税や酒税、そして相続税と高額所得者に対する所得税です。

　4章の2項で、金持ちが資産を増やす大原則とは手数料と税金をいかに減らすかだと書きました（106ページ）。つまり、金持ちになれるかどうか、資産を増やせるかどうかは、この税金を如何に減らせるかにかかっています。でも、けっして脱税をしてはいけません。法に則った節税の仕方を学び、それを実践することで、複利の効果を最大限に得ることを目指すのです。

1－1　タックスヘイブンの今

◉タックスヘイブン＝犯罪者の巣窟？

ところで、私は過去に、『タックスヘイブンに会社を作る本』という書籍を書きました。残念ながら、まだ10年も経っていないにもかかわらず、すでに状況がガラッと変わっていて、まったく役に立たなくなっています。

タックスヘイブンとは、租税回避地のことを言います。天国のヘブンとは異なる単語です。しかし、税金が掛からない天国のような場所ということでは、どちらでも構わないと思います。

タックスヘイブンを活用するのは、マフィアのような悪者だと勘違いしている人が多いのですが、例えばスターバックスとかグーグル、アップルなどのグローバル企業でタックスヘイブンを使っていない企業は少ないのではないでしょうか？　そして、タックスヘイブンと呼ばれている国のうち大多数の国の国家元首は、エリザベス女王です。タックスヘイブン＝犯罪者の巣窟だとしたら、エリザベス女王はなぜ非難されないのでしょうか？

タックスヘイブンは、国が自国の外で行われる取引に対して課税しないという制度で、国外の顧客向けに銀行業務を行う銀行をオフショア銀行と呼びます。タックスヘイブンの政策を採っている国々は、自国内でビジネスを行わない海外の事業から収入を得る手段として、タックスヘイブンにしているのです。

つまり、オフショア銀行やオフショア法人等の設立にあたり、行政書士のような仕事や、登記住所の貸出などのビジネスが不随するため、国内に外貨を引き入れ、雇用を生み出すことができるのです。

◉FATCAが与えた影響

もちろんタックスヘイブンには、匿名制度があるため、犯罪資金を隠すのには好都合でよく使われていたという経緯があります。しかし、2001年9月11日の同時多発テロ事件をきっかけに、米国がテロリズムの資金洗浄の場になっていると、本人確認の強化を徹底する流れを創り出してきたこと、また米国人が世界中のどこに住んでいようと、世界中のどこに資産を保有していようと、

徴税を徹底することを各国に強く求めた結果、米国人に限ってはスイス銀行ですら資金を隠すことができなくなりました。

　米国による徴税の徹底はFATCA（ファトカ）と呼ばれ、日本の銀行窓口でも説明ポスターを見かけると思いますが、米国外の金融機関が米国国籍あるいは米国の永住権（グリーンカード）保有者で口座を保有している場合、各金融機関はIRS（米国の国税庁）に年に1度、残高報告をしないといけないしくみです。これに従わない金融機関は、米国の制裁対象となってしまい、最悪、他行との取引ができなくなってしまうため、スイス銀行であっても認めざるをえなかったのです。

◉FATCAとCRS自動交換がタックスヘイブンを壊滅させた

　このようにFATCAによって、タックスヘイブンの秘匿性がなくなりました。そしてさらにそれに追い打ちをかけたのが、2018年から始まったOECDが進めるCRS自動情報交換（共通報告基準に基づく自動的情報交換）という制度です。

　FATCAは、米国人だけが対象だったので、米国人以外にはタックスヘイブンはまだ有効でした。しかし、CRS自動情報交換によって、ほとんどの国で、金融機関に非居住者の口座残高を、その非居住者の国籍や居住地の国の税務当局に報告する義務が課せられたのです。

　これによって、BVI（英バージン諸島）やケイマン諸島、パナマ、セイシェル、香港、シンガポール等の代表的なタックスヘイブンは、タックスヘイブンとしての機能を失いました。ドバイもタックスヘイブンとして注目を浴びていましたが、UAEが情報交換に応じたため、情報の秘匿性はなくなっている可能性があります。

◉CRS自動情報交換の日本人にとってのインパクト

　CRS自動情報交換の導入により、海外の口座情報が国税庁に渡されます。しかし、これまでも海外資産をきちんと申告している人にとっては、何も影響はありません。日本の非居住者になっている人も影響ありません。影響するのは、日本の居住者で、海外で上げた利益を日本で申告していなかった人と、海外に

5000万円以上の資産（金融資産、生命保険、不動産、貴金属を含む）があるにもかかわらず申告しなかった人です。

しかし、現状は、CRS自動情報交換で国税庁が手に入れられる情報は、年末時点の金融機関での口座残高くらいで、不動産や貴金属などの資産価値は対象となっていません。

◉CRS自動情報交換に非加盟の国もある

このようにタックスヘイブンは、事実上壊滅しましたが、まったくなくなった訳ではありません。前記のCRS自動情報交換がまだ行われていない国もあるからです。例えばフィリピンは、この制度に加盟しているものの、憲法で口座情報を漏らすことが禁じられているようなので、実施されるまでには時間がかかりそうです。

また、アジアでもベトナム、ラオス、ミャンマーはまだ加盟していませんし、アフリカやカリブの小国等の中にもまだまだ加盟していない国があります。そして、何よりも米国がタックスヘイブンとして急上昇しているのは面白い現象です。米国は、すでにFATCAによって自国民からの徴税の目的は達成しているので、CRS自動情報交換に加盟していません。メリットがないからです。

ただし、日本との間で租税条約が結ばれているため、日本の裁判所の命令があれば、米国内の資産が丸裸になってしまう可能性はあります。

1-2　仮想通貨（暗号通貨）

◉国によって解釈や税法上の取り扱いの異なる異色な存在

仮想通貨は、国によって解釈や税法上の取り扱いの異なる異色な存在です。しかしながら、秘匿性ということでは、タックスヘイブンを利用して資産運用を行うよりも、簡易で実効性があるかもしれません。もちろん、金融資産ではないためにCRS自動情報交換の対象にもなりません。

しかしながら、日本の税法では、仮想通貨の取引やマイニングによって生じた利益（法定通貨に交換しようと、仮想通貨のままで保有していようと）は、法定通貨に換算されて課税対象となります。この扱いは、外国為替と同じと考

えてよいでしょう。

　また、5000万円以上の海外資産を報告しないといけないという国外財産調書の報告対象でもあります。したがって、個人で仮想通貨を保有する限りは、国税庁が追跡できるかどうかとは別に、仮想通貨に節税メリットはあまりなさそうです。

　しかし、海外法人として仮想通貨を保有できるとしたら、節税の機会はありそうです。

　海外法人の場合、法人の利益に対する法人税は、その法人が設立された国に納めるものだからです。その法人の利益を配当として受け取るときには、申告対象になりますが、配当を受け取らなければ申告義務はなくなります（ただし、タックスヘイブンにある法人の場合には、少し話が違ってきます）。

　また、仮想通貨を法人の資産や利益として認めていない国に法人を設立して、そこでビジネスを行う場合、法人の資産額に含まれません。

　問題は、法人口座を開設してくれる仮想通貨取引所（特にFIATと交換してくれるところ）が、海外にあるかどうかです。仮想通貨取引所には、仮想通貨間の交換しか行っていないところが多いのです。一方で、仮想通貨のまま買い物をするという前提であれば、FIATとの交換は行う必要はなさそうです。

1－3　オペレーティングリース

◉突発的に大きな利益が上がったときに有効

　節税にリース？　と思うかもしれませんが、富裕層の節税策として、あるいは投資としてもオペレーティングリースは知っておいて損はないと思います。代表的なのは航空機リースです。コロナによって航空業界は壊滅状態になっているため、銀行借入をするような大型航空機リースは微妙ですが、プライベートジェットやヘリコプターへのオペレーティングリースは、ますます重要になってくるでしょう。

　航空機だけでなく、船舶やコンテナなど、オペレーティングリースの対象は様々ですが、どこが節税になるかというと、リース資産によっては、減価償却が最初の1〜2年に集中するため、税務上の損金が発生します。事業や投資で

利益が出ている時にオペレーティングリースに投資をすると、その損益が相殺されるため課税対象金額が減るという原理です。

　例えば、ヘリコプターですと、新品の償却期間は5年ですが、3年落ちの中古を購入すれば2年で償却できます。例えば、5000万円の3年落ちの中古を購入すると、2500万円ずつを2年間に渡って損金計上できます。さらには、リース料収入が年360万円ほど入ってきます。2年経過後に再び売却してもよいですし、再投資して税効果を延長してもよいでしょう。

　このように不動産売却益や大きな株式売却益、大型取引があった場合など、突発的に大きな利益が上がったときに、その資金をオペレーティングリースに回すことで、その年の税金を減らしつつ、リースから生まれる利益として翌年以降に果実を収穫するということが可能になります。

1－4　米国不動産投資による節税

◉欧米では、古い建物も価値が認められている

　日本の固定資産税の償却の考え方は、海外の不動産についても同様に適用されます。日本の常識では、「古い家屋は価値がなくなる」ものであって、それは日本でも海外でも同様だろうという考え方で、区別されていませんでした。しかし、欧米のような歴史の古い国々では、古い建物にも価値が認められています。

　例えば、100年以上も前の石造りの建物であっても、価値が下がらないどころか、古いからこその価値が残っています。あるいはマンハッタンの高層マンション等は、建物が古くても、立地が良いために、価値が残っているどころか年々上昇していきます。

　ただし、このような物件は、市場に出ることが少ないことと、数億円を超えるため、日本人は海外物件へのローンは組みづらいことにより、現金で数億円をタイムリーに調達できずにロストしてしまいがちなこと、さらには節税できる金額が大きいため、そこまでの利益を上げ続けられる企業にしかメリットがないのが通常です。

　したがって、米国の木造建築の住宅で築22年経過したものや、鉄骨やRCで

あっても建てられてから50年以上経っているワイキキにあるような物件であれば、数千万円代という比較的手の届きやすい金額で手に入れることができます。

以下に、もう少し掘り下げて、節税のメカニズムと、節税効果を含めた米国不動産投資の魅力について説明していきます。

◉節税のメカニズム

①日本の税法

日本の税法では、日本の法人が海外不動産を購入した場合、内国法人の固定資産として国税庁に申告することになっています。

その際、築22年以上の木造住宅は、建物部分の価値を4年でゼロにするように、減価償却をして損金算入する法律となっています。

②日米の中古住宅の評価の違い

日本では、住宅の価値を建物部分と土地部分に分けると、建物の価値よりも土地の価値のほうが大きいとされています。一般的には、建物が2割で土地が8割と言われています。一方で、米国は国土が広いため、土地よりも建物のほうが価値は高いとされています。もちろん新築のほうが中古よりも高く評価はされますが、平均すると建物が8割で土地が2割と言われています。

例えば、1億円の物件で比較すると、次のようになります。

図7-1：日米の不動産価値の違い

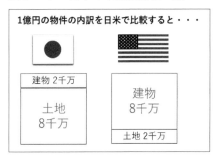

③日米の住宅価格の経時変化の違い

　次に、日米では、建物が古くなったときの市場価値の変化が異なります。日本は、新築から時間が経過するほど市場価値はなくなります。築22年以上経過した木造住宅の建物部分の価値は数百万円程度に落ちてしまいます。日本の税法で定められている償却期間は、この実態に近く設定されているのです。

　一方で、米国では、新築後数年間は建物部分の価値は日本と同様に下がりますが、長期的には住宅価格は上がり続けてるため、22年も経過すれば建物部分の市場価値は新築時よりも高くなります（ただし、人口が減少しているエリアは、そうとも限りません）。

　この違いは、日本が少子高齢化で人口が減少しているにもかかわらず、土地開発や新築を奨励するような制度が続いていること、その結果空き家がとても多い状態であることに対して、米国は常に人口が増加しており、常に住宅が不足していることにあります。

図７−２：日米の住宅価格の経時変化の違い

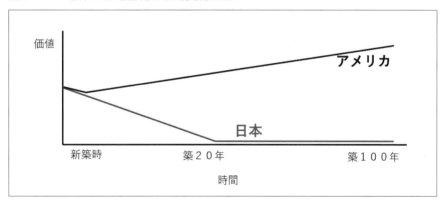

　前記の①〜③、すなわち「日本の税法」の適用、「日米の中古住宅の評価の違い」、「日米の住宅価格の経時変化の違い」を組み合わせたときに、次ページの図７−３のような違いが生まれます。

　つまり、築22年以上の木造住宅への投資を日米で比べた場合、日本の住宅投資の場合は、購入から4年経過すると、減価償却後の価値と実際の市場価値

がほぼ同じであるのに対して、米国では4年前に1億円で購入した物件の簿価が2000万円になっているにもかかわらず、売却するときの価値はむしろ1億円よりも上昇しているということが起こります。

図7－3：日米における購入から4年経過後の簿価と実際の資産価値の違い

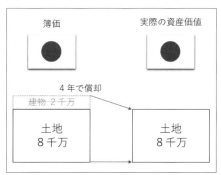
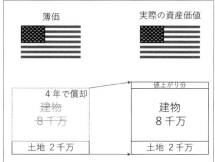

つまり、4年間で8000万円を損金処理できるだけでなく、実際には1億円以上の資産が残っているため、それを担保に入れて借入をするといったこともできるのです。

このように、米国不動産投資による節税は、節税だけでなく、資産を増やすことができるという点で、最強と言えます。

ところで、米国不動産を使った節税は、これまでは個人でも可能でしたが、令和3年以降はできなくなりました。したがって、法人による節税に限られてしまいます。

2 ▷ これからの10年は、富裕層になれるラストチャンス

レイ・ダリオ氏は、今回のコロナ不況は、世界恐慌以来で最大規模の不況だと言っています。単に1929年以来最大ということではなく、同じくらいの規模と考えてよさそうです。そうだとすると、当時のことをあらためて振り返ることで、これからの10年で何が起こるかが分かってくるのではないでしょうか？

●戦後の東京では、何が起こっていたか？

　米国や欧州での世界恐慌からこれまでの経済の流れをイメージするのは、私たち日本人にとっては難題です。しかし、戦後直後の東京であれば、アニメや映画、小説などを通じて、何となくイメージできるのではないでしょうか？

　太平洋戦争が終わった直後から数年間は、ハイパーインフレが起こりました。日本政府はデノミを実施し、それまでの紙幣が使えなくなりました。庶民は食べる物を得るために、田舎（といっても、練馬や玉川沿いあたりは十分に田んぼと畑だらけでした）で安価に手に入れた野菜やコメを闇市で売って生計を立てていました。

　そうでない人たちは、着物をバラして質屋に持ち込んだり、絵画や骨とう品なども売りに出したりしてお金に換えました。この時に、どういう人たちが、いまの富裕層になっているでしょうか？

　おそらく、闇市でお金を稼いだ人ではないでしょうか？　彼らは、そのような事業でつくった資金を貯めて、食料品店や雑貨店、あるいは輸入商などを始めたり、鉄工所をつくったりしたのではないでしょうか？

　あるいは、戦後の東京の焼け野原には、勝手に住みついた人も何人もいると聞きます。そして、それらの人たちの多くは、いまはビルオーナーになっているとも……

●インフレになる

　これから10年かけて、世の中はインフレになるでしょう。おそらく物価はいまの1.5倍〜2倍くらいになるのではないかと思っています。

　経済が止まったために、世の中に流通しているお金の流量が大幅に減りました。この減った分を日銀は紙幣を刷って市場に供給しました。しかし、徐々に経済が元に戻るにつれて、世の中に流れるお金の回転数が元の回転数に戻っていきます。今回の経済対策で絶対量が増えたため、回転数が上がれば、流量は確実に増えます。

　その結果は、物価高です。それも、まずは不動産や株式などの資産価格が高騰するところから始まります。固定資産税が増え、家賃も上昇します。

　しかしながら、一部の人が騒いでいるようなハイパーインフレにはならない

でしょう。

◉5年後、米国中古不動産投資ブームが来る!?

　米国でBTOが破綻することによる金融危機が再び襲うことになる可能性は否定できませんが、少なくとも、たくさんの人々が職を失い、ローンの返済ができずに、住宅を手放さざるを得なくなることでしょう。

　2008年9月に起こったリーマンショックの前後では2006年をピークに住宅価格が下がり始め、2012年3月まで住宅価格は下がり続けました。そして、2011年頃から競売物件を安値で手に入れ、リフォームして高く売る手法で財を築く人たちが増えました。

　今回も、2021年3月から下がり始め、2024年か2025年くらいまで下がり続ける可能性もあります。そして、当時と同様に競売物件を安値で仕入れて、リフォームしてから高く売る手法を繰り返す人が増えることでしょう。そして、それが分かっているのであれば、資金であったり、良い物件情報を得る伝手であったり、さまざまな準備をいまから始めておくべきだと思います。

◉新興国でハイパーインフレが起こる

　これから10年かけて物価が1.5倍〜2倍になるが、ハイパーインフレにはならないでしょうと言ったばかりなのに、ハイパーインフレが起こるとは何事かとお叱りを受けるかもしれませんが、ハイパーインフレにならないのは、日米欧と中国のことです。

　それ以外の国、なかでも新興国では、ハイパーインフレかそれに近い状態になると思います。戦争ではないので、焼け野原になることはありませんが、日本の戦後直後のときのような大混乱が起こるでしょう。多くの資産家が現金を得るために、土地や住宅などの資産を売却することだって十分にできます。多くの人がこれまで以上に質屋にお世話になるでしょう。

　これらの国が喉から手が出るほど欲しくなるドルや日本円は、これらの国の通貨に比べて非常に強くなるに違いありません。いまから5年〜10年後には、新興国のモノの値段は新型コロナ感染症が流行る直前の価格の5分の1、10分の1の価格になっていることだって、十分あると思います。

そこへ、我々がある程度のお金を持って、現地に行けば、かなり有利な価格で不動産を手に入れることができたり、立地の優れた店舗をオープンしたりすることができるようになる可能性があるのです。

　おそらく、こんな大バーゲンのチャンスは、もう二度とやってこないでしょう。20年前にいまのように中国が米国とぶつかり合うほどの経済大国になり、オーストラリアやシンガポールが先進国となり、新興国が勢いよく成長し、もはや小資本では参入できなくなることが分かっていれば、参入したのに……と少しでも思っていたのであれば、コロナが時代を振り出しに戻してくれたかもしれません。

　少なくとも新興国の経済時計は10年前には戻っているでしょう。すでに発展した姿を見ているので、これから成長する姿は想像できます。

　我々がいますべきことは、とにかく現金を節約し、かき集め、来る日のために常に世界中の情報に目を光らせておくことでしょう。

　そして、もうひとつやらなくてはいけないことがあります。それは、海外に資金を持ち出す手段を整えておくことです。というのは、ここ数年で日本から海外への送金が非常に厳しく制限され始めているからです。

3 ▷ 海外送金の自由度を高める

◉海外投資は、少なくとも一週間以内の送金は必須

　昨今、販売移転収益防止法の影響か、はたまた富裕層の資産を国内に閉じ込めようという陰謀か、海外への送金が非常に難しくなっています。

　例えば、ゆうちょ銀行の場合、以前は非常に使い勝手が良く、どこの窓口からでも送金手続きが行えて、すぐに送金できました。通常はSWIFTでの送金は5営業日かかると言われていますが、それより早く届くのが便利でした。

　しかしながら、現在はゆうちょ銀行では、基幹店の窓口でないと海外送金を受け付けてくれなくなりました。しかも、いったん受付ながら、本店で審査したのち、1週間以上も経ってから、送金先の情報を提出しろとか、契約書類を提出しろとか言ってきます。

　海外投資は、少なくとも一週間以内に送金できなければ、ポジションを解約

されてしまいます。それにもかかわらず、一週間後にまだ送ってもいなかったというのです。送金先が犯罪に絡んでいないかのチェックをするために資料が必要だという連絡をするまでに一週間です。

　結果的に、私は資料を提出するのを諦めました。資料の提出方法は、印刷して基幹店に持ってこいという指示だったからです。私が投資しようとしていたのは、シリコンバレーのスタートアップに投資するプラットフォーム、AngelListで募集していたシリーズＡの案件でした。そして、その契約書は印刷したら100ページ以上になります。

　それを印刷して、基幹店の窓口に提出して、その後何日かかるでしょうか？　基幹店から本店の審査部に郵送され、本店の審査担当が100ページ以上の英文の契約書を読む……読めるわけがありませんよね。そんな人材がゆうちょ銀行全体に何人いると思いますか？　あきらかに言いがかりです。

　都市銀行も似たような状態です。三菱UFJでは、口座から送金する直前に、別の口座から資金を移そうとしようものなら必ずチェックされますし、自分名義の口座以外に送金しようものなら、契約書等の書類を求められます。楽天銀行は、もう少し楽だと聞いてはいますが、時間の問題だと思います。

　幸い、どの銀行も自分名義の口座への入金は比較的容易です。また、法人名義で海外に送金するときも、多少は緩いようです。しかし、米国や新興国などで良い投資案件が出てきたときに、即座に資金を送金できないと、チャンスを逃します。なぜなら、そのような良いチャンスを狙っているのは、中国人も同じだからです。

　10年以上前の経済環境にタイムスリップして投資できる100年に1回あるかどうかの大チャンスを、海外送金に手間取るというだけで見逃すのは、愚かすぎます。そもそも海外の投資先に自由に投資できないのは、これからの時代で効率的に資産を増やしていくには、大きな機会損失です。政府のお墨付きをもらった、手数料の高い投資しかできないのでは、時代の変化の流れに乗って資産を作るのはかなり難しいと思います。

●なぜ、海外送金が自由にできないといけないのか？
　海外送金が自由にできないのは、日本だけではありません。例えば中国では

海外に持ち出す資金は年間500万円程度に制限されるようになったと聞いています。彼らは、海外に移住するために、その前に海外に資産を移して、収入の基盤を作ろうとします。例えば、ニセコの不動産を購入して、その不動産が値上りするのを待ちつつ、それを運用して利益を出して、将来日本に移住する機会を探っている中国人の富裕層は少なくありませんでした。しかし、いまはそれが簡単ではなくなっています。

　同じことが我々日本人にも起こっているのです。海外に不動産を購入して運用して利益を得たり、海外の証券会社と直接契約して投資したり、海外の取引先からモノを輸入するなどのビジネスを行って利益を出すには、海外送金が自由にできなくては成り立ちません。しかし、いまはそれが急速に制限され始めています。

　海外には魅力的な投資機会がたくさんあります。もちろん、日本と同様に詐欺的なMLMもありますし、ポンジスキームもあります。それらは自分でリスクを考慮して投資するという点では、難易度が高いものでもあります。

　しかし、人口が減り産業が縮小している日本への投資は、一見リスクは低く見えるものの、全体的には負ける可能性が高いゲームです。日本はすでにフルーツバスケットの椅子取りゲームのように、限られた、そして縮小していく市場を獲り合うゲームだからです。そして、国内でいくら稼いでも、国に召し上げられます。要するにこれからの日本は、通常なら勝てるはずのないゲームになりつつあるのです。

　一方で、若くて伸び盛りの市場で企業や地域に先行投資する海外への投資は、一見リスクは高いものの、将来伸びて大きく勝つ可能性があるゲームです。しかも、新興国では大きな投資機会が待ち構えています。どちらかを選ぶ必要はありませんが、どちらにも投資していくほうが良いと思いませんか？

　そして、海外投資を積極的に行おうとしたときに、資金の流動性を高くする手段をたくさん持っていることが大切になります。資金を移動するための手段には、大きく4つあります。

①海外にトランザクション口座を持つ
②仮想通貨による送金

③カード決済

④L/Cによる送金

　以下に、それぞれについて見ていきましょう。

◉海外にトランザクション口座を持つ

　海外にトランザクション口座を持つというのは、海外銀行口座を持つということです。

　従来は、HSBC香港に口座を開設するのが人気でした。日本の銀行口座と異なり、早くからインタネットバンキングに対応しており、為替の両替が一瞬で行われ、手数料もとても低く、あらゆる国に比較的安い手数料で送金することができました。送金速度もSWIFTを使っているとは思えないくらい速く、ほとんどの場合即日で着金していました。流動資金をHSBC香港に入れておけば、投資案件に対して即座に送金できるため、非常に重宝しています。

　にもかかわらず残念なことに、最近は英語の壁により口座を維持するのが難しくなったり、外国人保有の法人口座が閉じられたりして、多くの人にとって使い続けるのが難しくなってきました。

　また、中国の香港への介入によって、米国が香港の特別扱いをやめたことにより、香港に口座を維持しておくのは却ってリスクになってきました。HSBCはイギリスの金融機関ですが、HSBC香港が閉じられる可能性があります。例えば、突然米国から銀行取引を禁止されないとも限らないのです。

　このようにHSBC香港に頼るのは難しくなってきました。このHSBC香港の銀行口座に代わるあらたな銀行を探す必要が出てきました。CRS自動情報交換の対象であってもなくても、国をまたいだ送金を自由に素早く簡単に行える仕組みが必要なのです。

　ところで海外銀行口座には、2種類の口座の持ち方があります。ひとつは普通預金、もうひとつは定期預金です。定期預金の場合、国によっては10%近い金利を約束している銀行もあります。それはそれで良いのですが、海外送金を自由にできるようにするための口座という観点では、普通預金口座を開設して、預けた資金をさまざまな投資案件に送金できなくてはなりません。

●仮想通貨による送金

国際的な資金移動の方法として、仮想通貨も優れた方法のひとつです。どこの国であっても、数分以内に大きな金額を送金できる魅力は、いまのところ他にはありません。仮想通貨取引所には、以下の3つの機能があります。

・ビットコインやUSDTで保存しておいて、仮想通貨間での交換と送金や買い物ができる機能
・FIATとの交換ができる機能
・専用のデビットカードを発行して、ATMから現金を引き出せる機能

ひとつの取引所で全ての機能を備えているところが理想ですが、そうでない場合には、複数の取引所に口座を開設することをお勧めします。また、これらについて法人口座が作れるかどうかも要注意です。

●カード決済

海外に送金したり、海外の資金を利用したり、ATMで引き落とすときに、デビットカードやクレジットカードでの決済を利用するケースもあります。例えば、海外の積立保険や、FX会社への証拠金の入金にクレジットカードが使える場合があります。

送金手続きも数秒で行える速さと手軽さや、国に送金履歴を知られることがないというメリットがあります。

クレジットカードの欠点は、手数料率が高いところにあります。したがって、高額の投資を行う場合には、カード手数料として最低でも3.5%は元本を毀損することになります。年利3%の投資であれば、初年度は0.5%の損失ということになります。

●L/Cによる送金

L/C（Letter of Credit：信用状）というのは、貿易で主に使われる決済手段です。通常は、B/L（Bill of Landing：船荷証券）とセットになっていて、両方があってはじめて換金できるというものです。

これは、通販でよく使われるエスクローと原理は同じです。エスクローは、売り手から発注したモノがきちんと届くまではお金を支払いたくない商品の買い手と、代金を受け取るまでモノを引き渡したくない売り手の間に入り、モノとお金が両方とも満たされるまでモノやお金を管理し、モノが到着し、お金が支払われた時点で、買い手にはモノを、売り手にはお金を引き渡す役割です。

　同じようなことを輸出入貿易では、B/LとL/Cという仕組みを使ってこれを行っています。つまり、買い手は売り手との売買契約を結び、銀行でL/Cの発行を依頼します。このL/Cは売り手側の銀行を経由して、売り手に届けられます。

　次に、売り手は商品を船積みします。その際に発行されるB/L（船荷証券）が同じ銀行経由で買い手に届きます。買い手は商品を受け取るためにはそのB/Lを提示しなくてはいけません。売り手はL/Cを銀行に持って行った時点で代金を受け取れますが、その際に為替手形の振出しを求められます。万が一、買い手が商品を受け取れないことがあると、売り手は銀行から返金を要求されるという仕組みです。

　このように、L/Cは貿易決済という限られた場で使われる海外送金です。しかし、貿易でなくても、このL/Cを使って海外送金する方法があるようです。

◉アンティークコインや宝石

　アンティークコインや宝石は、世界のどこに行っても高い価値で交換できる資産にもかかわらず、非常に小さくて持ち運びしやすいという特徴があります。アンティークコインであればネックレスにして首にぶら下げて持ち運んだり、宝石ならやはりネックレスや指輪にして身につけて移動したりすることができます。

　映画でマフィアが美しい愛人を連れて国を移動するシーンを見たことがあるかと思いますが、マフィアに限らず、愛人に宝石を身につけさせて移動し、移動先で取り上げて売却することで、難なく資産を移動することができます。もちろん、真贋を見分けることができなくては大損をしますが、日本で鑑定書付きで購入して海外に持ち出し、売却するのであれば、そのあたりの不安はなくなるかもしれません。

4 ▷ この不況で一財を築くためにやるべき13のこと

　ここまで読んで、これからの10年で貧富の格差がますます拡がるというのが実感できたのではないかと思います。そして、不況こそが一生お金に困ることのないくらいの富を築く大チャンスだということを理解されたことでしょう。最後にまとめとして、このラストチャンスをしっかりモノにして、ひと財産を築くためにやるべきことを挙げます。

① これから3年は、とにかく稼いで、現金をかき集める！

　これからの10年は、未曾有の投資機会が次々と訪れます。全てを見逃さないでつかむことは難しいでしょう。しかし、どれが一番大きいチャンスかは、時間が経過してみないと分かりません。可能な限り、全てのチャンスに手を出すべきです。しかしながら、そのためには軍資金が必要です。

　これからの10年に貧富の差が拡がりますが、その差を生み出すものは２つあります。ひとつは、軍資金をどれだけ集められるかです。もうひとつは、それを適切に投資できるかです。したがって、軍資金を集められるだけ集めましょう。

　働くのは嫌だとか、辛い仕事はやりたくないとか、精神的に耐えられないとか……金を稼がない理由はいくらでもあります。しかし、そんなことを言っていたら、あなたは10年後には生活に窮する貧困層にいるでしょう。

　会社が甘い言葉で勤務時間と給料を減らそうとしてきたら、何が何でも拒否しましょう。余裕のできた時間で、減給分よりもたくさん稼げるなら、それでもよいです。しかし、これからの3年はキャッシュフローがとても大切です。収入は最低でも現状維持です。出費はなるべく減らします。3年だけ我慢してください。

　もし、運悪くこのコロナで失業してしまったという人は、犯罪以外なら何でもよいのでお金になりそうなことは全てやらないといけません。儲からないUberEatsであろうが、最低時給に満たないバイトであろうが、他に効率の良い仕事が見つからないうちは、効率の悪い仕事でもやるのです。借金で生活を

するようになると、種銭をつくることができません。スタートが遅れたら、それだけ得られる富も少なくなります。

　もし、あなたが事業をやっているのであれば、もらえる給付金や補助金は全てもらってください。利益が出そうであれば、税金を繰り延べる節税策を駆使してください。3年後の1000万円よりも、いまの1000万円のほうが、圧倒的に価値が高いと信じてください。

② 集めた現金は、幅広い投資対象に分散して保有する

　お金を集めたら、すぐに別の形で保有してください。これからの10年、現金は雪と同じで溶けてなくなります。もし1000万円を預金していたとしたら、10年後にはその1000万円で購入できるものは、現在の500万以下でしか買えないものになるでしょう。

　物価がいまの2倍以上になります。したがって、当面の生活に必要な金額以外は、現金以外の投資対象に変えて保有してください。

　これからの10年は、どの投資対象が伸びるのか、あるいはどの投資対象なら安全なのか、ということを予測するのはとても困難です。おそらく局面ごとに主役が変わるからです。

　したがって全勝は無理だと知りましょう。何が起こっても、仮に大きく損失を出すものに投資してしまったとしても、それを上回る利益を生み出すものにも投資していればよいのです。

③ 金（ゴールド）を持つ

　少なくとも、これから数年、金（ゴールド）は値上りしていきます。もちろん、一時的に凹むことはあります。しかし、各国の中央銀行がお金を刷れば刷るほど、通貨の価値は下がり、その代わりに金（ゴールド）の相対的価値は上がります。

　そして、金（ゴールド）は即座に通貨に両替できるため、生活に必要な現金が突発的に必要になったり、さらに条件の良い投資対象が出てきたりしたときに、その権利を手にするためにお金を払ってくれます。

④ ビットコインを持つ

　インフレが起こり、貨幣価値が下がることによって、金（ゴールド）だけでなくビットコインも上がります。今年になってビットコインはマイニング報酬が半減してしまいましたが、新たに市場に出る量が少ないことが、ビットコインの値上りに繋がります。これは毎年金鉱山から次々と製錬されてくる金（ゴールド）よりも、値上りする可能性を秘めています。

　前ゴールドマン・サックスのヘッジファンド責任者ラウル・ボール氏が、5年以内に1ビットコインが100万ドル（一億円）の値をつけるだろうと予想していますが、その可能性は十分ありえます。ビットコインは、金（ゴールド）よりも持ち運びが容易で、他の投資対象が出てきたときに、すぐに売却することで、より魅力的な投資対象に投資ができます。

⑤ 米国株に投資する

　インフレを防ぐ方法としては、米国株に投資しておくのもよい選択肢です。ただし、投資するとしたら、個別株よりも、S&P500やNASDAQ100に連動しているETFに投資しましょう。

　これらは、FRB（米国の中央銀行）がお金を刷って買い支えているため、短期的にも長期的にも確実に上昇します。ただし、10年の間には、企業業績が株価に見合わないという理由で暴落したり、BTO（リーマンショックの引き金となったCDOの名前を変えたもの）が破綻して暴落したりする可能性があります。

　そのような場合には、慌てて売らずに、買い足すチャンスです。その時のためにも、コツコツと現金を貯め続けるか、そういう時に金（ゴールド）を売って現金を用意して、これらのETFを買い足しましょう。

⑥ テクノロジー株に投資する

　コロナショック後の6カ月間で見てきたように、GAFAをはじめとしたテクノロジー株は、その他の業種・業界の企業株よりも値上り率が高いです。コロナ禍とはまったく関係ない理由で、これからのテクノロジーの進化は目覚ましく、これまでとはまったく異なる社会基盤を創り上げていきます。そうした企

業の業績はこれから急成長する可能性が高いのです。

　AngelListのような上場前のスタートアップに投資するのもよいですが、一番簡単なのは、前述したNASDAQ100に連動したETFに投資することです。NASDAQ100には、上場後の勢いのあるテクノロジー企業ばかりだからです。

⑦ 中国株に投資する

　2000年から2018年まで負けた年のないヘッジファンドを運営するレイ・ダリオは、負けないポートフォリオを公開しています。全天候型ポートフォリオと呼ばれるその内訳は、米国株式30％、長期米国債40％、中期米国債15％、金（ゴールド）7.5％、コモディティ7.5％でした。しかし、今年の第二四半期にポートフォリオを次のように変更しました。

　米国株式35％、金（ゴールド）20％、中国株14％、エマージング株11％、先進国株4％、その他16％と、55％あった米国債が全て売られて、金（ゴールド）と中国株、新興国株に振り分けられました。米国株以外で比重が高いのが中国株、なかでもアリババのようなテクノロジー企業の個別株に多くを投資しています。

　すでにトランプ大統領がファーウェイやTikTokをはじめとした中国企業の米国での取引を禁止するなど、米国と中国との間の小競り合いが始まっています。しかし、これはまだ始まったばかりです。これは、単なる貿易戦争ではなく、今後1世紀の世界での覇権をかけた戦いの始まりです。

　1929年に始まった世界恐慌の後にも、このようなパワーバランスのシフトがありました。その時に何が起こったかというと、第二次世界大戦です。それを考えると、最悪の事態は、中国の銀行は全て国際金融取引網から外され、ドル経済圏と人民元経済圏とに2分されることではないかと思います。仮にそうなったとしても、米国株を35％保有していれば安心ですし、そうはならずに世界の覇権を中国が勝ち取ったとしても、中国のテクノロジー株を保有していれば安心です。

⑧ 新興国ビジネスに投資する

　レイ・ダリオの新しいポートフォリオで、米国株、中国株に次いで多く投資

されている株式がエマージング株（新興国株）です。私の予想では、新興国の多くの国でハイパーインフレが起こります。株式はインフレには強いのですが、ハイパーインフレが起こると、株価を保てる企業とそうでない企業が2分されるでしょう。

　ハイパーインフレが起こると、不動産や事業権利などの資産が、現在の数分の1の価格で手に入るようになります。その時に、金（ゴールド）や上場株ETFを売却して、将来有望な不動産や事業の権利を20年前の価格水準で買うことができれば、資産を何十倍にも増やすことができるに違いありません。

⑨ 借金を恐れない

　将来確実に価値を上げるものに投資するための軍資金は、働いて得る以外にも得る方法があります。それが借金です。生活するためにする借金は投資のスタート時期を遅らせる悪手ですが、借金して投資に注ぎ込むのは良手です。

　通常のビジネスはそうやって規模を大きくしていました。そして、これからの10年には物価が2倍になる規模のインフレが日本で起こります。仮に1000万円の借金を持っていたとしても、10年後には500万円程度の価値しかないことになります。

　その時に1000万円を株式に投資しておき、10年後に株価が2倍になれば、借金を利息付で全額返済したとしても、まだ1000万円近く手元に残ることになります。しかも、金利はほぼゼロ金利です。

　低金利時に大規模なインフレが起こるときは、借金は間違いなく有利に働きます。

⑩ お金をいつでも国外に出せる環境を整える

　これからの10年、株や金（ゴールド）だけに投資するのであれば、日本の証券会社で投資するのは、けっして悪くないと思います。しかし、万が一米国や新興国の不動産や、質屋などの非上場企業のビジネスに投資するのであれば、資金をその日のうちに海外の投資先に送金できる環境を持っていなくてはなりません。楽天銀行のように海外送金が非常に安くて速い銀行もありますが、将来に渡って、それが続くとは言い切れません。

日本政府は、国税庁が税金を取りづらい海外資産への投資については、非常に神経質になっており、年々日本から海外への送金が難しくなりつつあります。いつ、国が海外送金をさらに厳しくして、証券会社を通さない限り海外法人やそれらが保有する不動産等に投資できなくする可能性もあります。少なくとも、そういった悪法を導入されて、実質的に海外に資金を送金できなくなる前に、海外に銀行口座を開設して、資金を逃しておくことが大切です。

⑪ 米国不動産に投資する

　リーマンショック後の2011年〜2013年のアメリカ住宅市場は、まさにバーゲンセール状態でした。そして、『金持ち父さん・貧乏父さん』で有名なロバート・キヨサキ氏の不動産投資アドバイザーでもあるケン・マクロイ氏によれば、2021年から数年間同様なことが起こると言っています。

　米国不動産は長期的に利益を生み出し続ける打ち出の小槌です。それがいまの価格の半額以下で手に入る機会が訪れるのです。そして、それが企業であれば、大きな節税にもなります。

　仮に1000万円以上のまとまった資金がなかったとしても、一口100万円くらいの小口で投資できる機会を提供するところが出てくるでしょう。いわゆるSPC等への投資です。ただし、このような投資機会は、一般公募はできません。何等かの会員組織に所属してはじめて、限定された会員向けに募集が行われます。

⑫ 偉人の言葉に注目する

　本書で紹介したレイ・ダリオ氏、ウォーレン・バフェット氏、ケン・マクロイ氏のような世界的に著名な投資家たちの言葉は、常に注目している必要があります。彼らは、トレンドを誰よりも早く知る立場にいて、その本質を見抜き、我々に伝えてくれます。彼らは、ポジショントークを行わないので、信じるに値します。

⑬ 良質の投資情報が手に入る環境に身を置く

　世の中には一般には出回らない情報があります。それは、そもそも限られた

人数にしか行きわたらないような良質な投資対象であったり、金融商品取引法によって公募（一般に広く募集・勧誘を行うこと）ができないものであったりするからです。公募するために、証券会社を通すと旨味が薄れてしまうような投資商品も、公募することを避けます。公募しない場合はどうするかというと、限られた人たちの間で、口コミによって募集されます。

あなたがすべきことは、こういった良質の投資情報が手に入る環境に身を置くことです。何らかの富裕層たちが集まるクラブや、サークルでもよいですし、あるいは投資情報を流すLINEグループでもよいでしょう。

ひとつだけ心得ておいてほしいことは、誰でも入れる無料の会員組織よりも、高額な会費を取る会員組織のほうが、良い情報が入ってくるということです。高額な会費を払ってでも会員になる人は、一度の投資に出せる資金量が大きいため、募集が非常に楽ですし、ある程度の投資経験を持っていることと、資金的に余裕があるために、一時的な損失や、予想よりもエグジットするタイミングが遅れても、クレームにならないからです。

したがって、上質の投資情報に触れたければ、それなりにお金をかける必要があります。

無料の会員組織に流れてくる情報は、大勢から資金を集める手間と、利益を大勢に分配する手間がかかるために、投資に対するリターンから割り引かれることになります。また、少数しか在庫のない良い投資案件が紹介されることはまずありません。その前に売り切れてしまうからです。

しかし、それでも公募できない案件のうち、富裕層たちの手の指の間からこぼれ落ちてきた案件や、ある程度人数が多くても大丈夫な案件が紹介されることはあり得るので、入らないよりはずっとマシです。

◉不況でひと財産をつくるグループ

すでに本書をお読みいただいた読者の方々は、ある程度の共通に認識が築けていると思います。そこで、読書の方々に、継続して情報をお届けするために、上記のLINEグループを用意しました。

何度も強調しているように、これからの10年は、いくつものチャンスが顔を変えて訪れます。しかし、すでにお気づきになられていると思いますが、そ

れぞれのチャンスがいつ訪れるのかについては、分かりません。すでに本が書店に並んでいる時期に、何らかのチャンスが訪れているかもしれませんし、一方で3年経ってもトレンドが変わっていないことだって、ないとは言えません。

　こういった情報は、さまざまなチャネルから入ってきます。レイ・ダリオ氏やウォーレン・バフェット氏が不定期で発表する情報や、ブリッジ・ウォーター・アソシエイツやバークシャー・ハサウェイ、あるいはマイケル・バリー氏が公開しているポートフォリオの変化、ケン・マクロイ氏が彼の会員向けに発表する不動産市況の情報など、あるいは新興国各地に住んでいる人たちからの生の情報を、読者の方に継続的にお伝えできる方法は何かと考えた結果、LINEグループをつくることにしました。

　もちろん、このLINEグループ限定で、投資案件の情報を紹介することもあるかもしれません。人数限定で募集する必要のある投資物件の場合は、有料会員の方に限らせていただくこともありますが、その有料会員の募集も、このLINEグループで行う予定です。

　このLINEグループに登録するには、次のQRコードをLINEで読み込んでください。

不況で資産を増やす会（@273aohjw）
https://lin.ee/lmf9vk9

[著者略歴]

スティーブ金山（すてぃーぶ・かねやま）

機会投資家（Opportunity Investor）。

1967年東京生まれ。世界中に起こる情報のひずみを見つけて、まだ多くの日本人が気づいていない海外情報をいち早くキャッチし、それをお金に変える方法を編み出す。また、その情報を多くの人に伝えている。

人口が減少していく日本の先行きの不安を解消するため、余裕のある今のうちに、海外に「お金を生み出す資産」を作ってもらい、そこからの不労収入を、将来人口減少の影響で収入減となったときの家族や従業員を養う原資にしてほしいという気持ちで、情報公開している。

著書に『HSBC香港資産運用術』『タックスヘイブンに会社をつくる本』（アールズ出版）などがある。

Sairyusha

お金持ちは不況・恐慌で一財を築く
積立から株式・不動産・ビットコイン・スタートアップ投資まで！

二〇二一年二月十日　初版第一刷

著者　スティーブ金山

発行者　河野和憲

発行所　株式会社　彩流社
〒101-0051
東京都千代田区神田神保町3-10大行ビル6階
TEL:03-3234-5931
FAX:03-3234-5932
E-mail:sairyusha@sairyusha.co.jp

印刷　モリモト印刷（株）

製本　（株）難波製本所

装丁・組版　中山デザイン事務所

本書は日本出版著作権協会（JPCA）が委託管理する著作物です。複写（コピー）・複製、その他著作物の利用については、事前にJPCA（電話03-3812-9424 e-mail: info@jpca.jp.net）の許諾を得て下さい。なお、無断でのコピー・スキャン・デジタル化等の複製は著作権法上での例外を除き、著作権法違反となります。